ゼロからスタート
簿記入門

渡辺竜介　山北晴雄　江頭幸代 ［編著］

税務経理協会

はじめに

　本書を手に取られた方は，これから「簿記」を0（ゼロ）から学習しようという方だと思います。簿記・会計について「会計はビジネス社会における言語である」といわれることがあります。これから皆さんが学ぼうとしている簿記・会計は，企業が発するビジネスにおける言語（会計情報）の仕組みです。

　簿記の学習は，企業の経済活動そのものの理解にも役立ちます。たとえば必要な資金を調達して，事業に必要な物品を購入し，販売のために商品を仕入れて，お客さんに商品を販売し，従業員へ給料を支払って……企業は利益を獲得するためのさまざまな活動を記録して，一定の形式でまとめてそれを企業の状態を表す言葉として発信します。

　簿記の学習は，教科書を読んで理解するだけでは本当の力は身につきません。基本ルールを理解したら反復練習を繰り返し，知っている単語の量も増やしていくことが大事になります。単語の量が増えるということは，ビジネス社会での企業活動をより広く深く理解することにも繋がるのです。

　さて，本書は普段，大学や短期大学で簿記を教えている経験豊富な教員によって執筆されています。できるだけ多くの反復練習をして欲しいとの思いから，各章ごとに多くの練習問題をつけてあります。簿記を学ぶ上で，各章で学ぶ内容の理解，問題演習，解答チェック，間違えたところの見直しという学習サイクルを意識してください。

　最後になりますが，格別のご配慮をいただいた株式会社税務経理協会代表取締役社長大坪克行氏，および書籍企画部峯村英治氏に心からお礼を申し上げます。

平成29年12月

編著者一同

目　次

はじめに

第 1 章　簿記の基礎 ……………………………………………………… 3

1　簿 記 と は …………………………………………………………… 3
　1）　企業の活動 ……………………………………………………… 3
　2）　企業の経済活動に関する情報の必要性 ……………………… 3
　3）　簿記の目的 ……………………………………………………… 4
　4）　簿記を学ぶ上で ………………………………………………… 4
2　貸借対照表 …………………………………………………………… 4
3　損益計算書 …………………………………………………………… 8
4　財産法と損益法 …………………………………………………… 11
　1）　財　産　法 …………………………………………………… 11
　2）　損　益　法 …………………………………………………… 12
　3）　財産法と損益法 ……………………………………………… 12
5　取引と仕訳 ………………………………………………………… 18
　1）　取引の意義 …………………………………………………… 18
　2）　勘定と勘定科目 ……………………………………………… 18
　3）　取引要素の結合関係 ………………………………………… 19
　4）　仕　　　訳 …………………………………………………… 20
　5）　転　　　記 …………………………………………………… 23
6　仕訳帳と総勘定元帳 ……………………………………………… 27
　1）　仕　訳　帳 …………………………………………………… 27
　2）　総勘定元帳（元帳） ………………………………………… 28
7　試　算　表 ………………………………………………………… 32
　1）　試算表の意義 ………………………………………………… 32
　2）　試算表の種類と作成方法 …………………………………… 32
8　決　　　算 ………………………………………………………… 40
　1）　「損益」勘定への振替 ……………………………………… 40
　2）　「損益」勘定を「資本金」勘定に振替 …………………… 41
　3）　資産・負債・純資産（資本金）勘定の締切り …………… 41
　4）　繰越試算表の作成 …………………………………………… 41
　5）　財務諸表の作成 ……………………………………………… 42
9　精　算　表 ………………………………………………………… 45

第2章　諸取引の仕訳 …………………………………… 51

- 1　現金・預金取引 …………………………………… 51
  - 1）現　　金 …………………………………… 51
  - 2）現金過不足 …………………………………… 54
  - 3）当座預金 …………………………………… 57
  - 4）当座借越 …………………………………… 59
  - 5）その他の預金 …………………………………… 62
  - 6）小口現金 …………………………………… 63
  - 7）小口現金出納帳 …………………………………… 65
- 2　商品売買取引 …………………………………… 66
  - 1）仕　　入 …………………………………… 66
  - 2）売　　上 …………………………………… 68
  - 3）商品有高帳 …………………………………… 71
- 3　掛　取　引 …………………………………… 74
- 4　手形取引 …………………………………… 77
  - 1）約束手形 …………………………………… 77
  - 2）裏書きと割引 …………………………………… 80
- 5　その他の債権・債務 …………………………………… 81
  - 1）貸付金・借入金 …………………………………… 81
  - 2）手形貸付金・手形借入金 …………………………………… 84
  - 3）未収入金・未払金 …………………………………… 87
  - 4）仮払金・仮受金 …………………………………… 89
  - 5）立替金・預り金 …………………………………… 91
  - 6）前払金・前受金 …………………………………… 93
  - 7）商品券と他店商品券 …………………………………… 96
  - 8）有価証券 …………………………………… 99
- 6　有形固定資産 …………………………………… 102
  - 1）有形固定資産とは …………………………………… 102
  - 2）購入時の処理 …………………………………… 102
- 7　個人企業の資本 …………………………………… 104
  - 1）資　本　金 …………………………………… 104
  - 2）引　出　金 …………………………………… 105
- 8　伝　　票 …………………………………… 107

第3章 決　　算 …………………………………………… 115

1　決算整理事項 ……………………………………………… 115
　　1）　決算整理仕訳①─売上原価─ …………………… 115
　　2）　決算整理仕訳②─貸倒引当金─ ………………… 116
　　3）　決算整理仕訳③─減価償却の計算─ …………… 120
　　4）　決算整理仕訳④─費用・収益の繰延，見越─ … 123
　　5）　決算整理仕訳⑤─消耗品─ ……………………… 127
2　精　算　表 ………………………………………………… 128
3　損益計算書と貸借対照表 ………………………………… 132
　　1）　損益計算書 ………………………………………… 132
　　2）　貸借対照表 ………………………………………… 133

●仕 訳 問 題 ………………………………………………… 143
●試算表問題 ………………………………………………… 155
●精算表問題 ………………………………………………… 162
●財務諸表問題 ……………………………………………… 173

索　　引 ……………………………………………………… 177

ゼロからスタート簿記入門

渡辺竜介・山北晴雄・江頭幸代 編著

第1章　簿記の基礎

1　簿記とは

1）　企業の活動

　企業は，事業を行うために必要な資金を調達し，集めた資金を事業活動に投下（運用）し，顧客に商品，製品またはサービスを提供して顧客から対価を得ることによって，利益（もうけ）を獲得する活動を行っている。

　資金調達とは，事業活動に必要な資金を出資者から出資してもらう，あるいは金融機関から借り入れることをいう。出資者は一般的に，次のようなものがある。
　個人企業の場合：起業に際して資金を出した所有主であり経営者となる個人である。
　株式会社の場合：企業が発行する株式に対価を支払って取得した株主や現在の株主である。

　事業活動には，商品を仕入れて販売する**物品販売業**（文房具店などをイメージしよう）や，材料や機械設備等を用いて製品を製造販売する**製造業**（板金工場あるいはプレス工場などでイメージしてみよう），クリーニングのようなサービスを提供する**サービス業**など，多種多様な事業活動がある。
　事業を行うため，企業は調達した資金をただ大事にとっておくのではなく，事業活動に必要な物品を購入したり，商品の仕入れや原材料の購入，製造，従業員を雇用したことによる給料や電力の使用による光熱費，広告宣伝活動など，効果的に資金を使っていく。

2）　企業の経済活動に関する情報の必要性

　企業の経済活動を考えると，その活動はさまざまな人や集団に影響を与えることになり，これらの人や集団は企業に対する関心をもち，企業との間で利害が生じることもある。
　たとえば経営者はより良い経営を行うために企業の状態を知る必要がある。
　金融機関は資金を貸し付けるにあたり貸付けの適切性を考えるであろう。また，**出資者**（株主など）は出資した資金がどのように効率よく利用されているのかを知る必要がある。**従業員**や就職活動をしているものはその給料を支払う能力に関心があるだろうし，**国**は税金を通して企業の状態に関心をもっている。これら企業を取り巻くさまざまな人・集団を**利害関係者**とよんでいる。
　これらの利害関係者は，企業の状態について，特に企業が利益の獲得を目的に事業活動を行っているため，**利益**を中心とした情報に関心がある。これらの利害関係者に対して，企業は利益等に関する情報を明らかにして，利害関係者の情報ニーズに応えていくために，一定期間ごとに企業の状態に関する報告書を作成し，報告する。

この報告書を作成するために，経済活動を記録して報告書を作成する仕組みを「**簿記**」という。

3) 簿記の目的

家庭では家計簿のような帳簿を用いて金銭の収支（カネの出入り）を記録し，家計の管理に役立てる。一方，企業の場合は金銭の収支だけでなく，資金の調達，物品の購入・長期にわたる使用・その後の売却や廃棄，商品の仕入・販売，債権・債務の発生・消滅，給料・家賃や水道光熱費の支払いなど多種多様な経済活動を記録する必要がある。このような経済活動を「**複式簿記**」（これを通常，簿記と呼んでいる）という仕組みで記録する。企業の経済活動の記録を一定の期間ごとに区切りをつけて，その結果をまとめて財産等の計算と損益の計算を，次節で学習する**貸借対照表**と**損益計算書**（あわせて**財務諸表**という）等で作成して表示する。

簿記の主な目的は，日常の経済活動にともなう財産等の増減を組織的に記録することにより，
① 経済活動による企業の財産等の増減を記録することにより企業が保有する財産等の管理を適切に行う
② 一定時点の財産等の状況と一定期間における損益の状況を明らかにすることにより，利害関係者の意思決定に役立てる
ことにある。

4) 簿記を学ぶ上で

本書では，個人企業を前提に，物品販売業を取り上げて学んでいくことにする。簿記を学ぶ上で注意しなければならないのは，「資金を提供した個人」の活動ではなく，あくまで経済活動を行った「企業の活動」を簿記で捉えるということである。

たとえば，事業活動を始めるにあたり，ある個人が現金1,000,000円を出してA商店を作ったとしよう。簿記の対象となるのは，「個人が現金1,000,000円を出資した」ではなく，「A企業は出資者から1,000,000円の現金による出資を受けて営業を開始した」である。財務諸表を作成する企業の立場から，その経済活動を考える必要がある。

2 貸借対照表

先に述べたように，簿記の目的の一つは「一定時点における企業の**財政状態**を明らかにする」ことである。財政状態とは，企業の資産，負債，純資産（資本）の状態を指し，これを報告するための報告書を**貸借対照表**（Balance Sheet，B／S）という。

① 資　産

資産は，現金や経済活動を通じて将来に現金をもたらす物品や権利などの経済的価値をもつものをいう。

資産の内容を具体的にみてみると，現金や預金のほか，利益を獲得するために使用する

土地，建物や商品などのような物品や，売掛金（商品を販売し代金をまだ受け取っていない場合の支払請求権）や貸付金（他人に金銭を貸している場合の返済請求権）などの権利がある。

<資産項目の具体例>
現　金　　預　金　　貸付金　　商　品　　売掛金
備　品（パソコンや陳列棚といった長期にわたって使用する物品）　　土　地
建　物　　車両運搬具　など

②　負　債

負債は，経済活動を通じて将来に現金の流出をもたらす債務や経済的資源を引き渡す義務をいう。

負債の内容を具体的にみてみると，買掛金（商品を代金後払いで仕入れた場合の後日の支払義務）や借入金（他人から借金をしている場合の後日の返済義務）などがある。

<負債項目の具体例>
買掛金　　借入金　　未払金（商品以外のものを購入し代金を後日に支払う義務）　など

③　純資産（資本）

純資産（資本）は，資産総額から負債総額を差し引いた差額として求められる。純資産を**資本**ということもある。純資産には，企業の資産から負債を控除して残った分としての所有主（店主）の持分という性格もある。

個人企業では，純資産の項目については，「**資本金**」という項目のみを用いて処理する。

上記のことから，資産・負債・純資産の関係を等式で示すと以下の通りになる。

　　資産　−　負債　＝　純資産（資本）……　これを資本等式という。

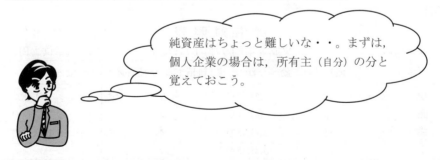

貸借対照表とは企業の財政状態を明らかにするための報告書で，**資産**を左側（簿記では左側を借方という）に記入し，**負債・純資産**を右側（貸方という）に一定の基準にしたがって記入する。さきの資本等式の負債を右側に移すと貸借対照表を作成するための等式となる。

資産 ＝ 負債 ＋ 純資産（資本）…… これを貸借対照表等式という。

貸借対照表を図式化してイメージすると，次のようになる。

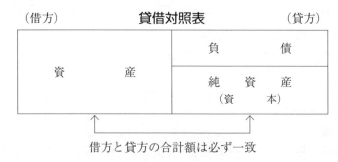

借方と貸方の合計額は必ず一致

【例題】 平成×年1月1日現在の横浜商店の資産および負債は，次のとおりである。これをもとに，平成×年1月1日現在の貸借対照表を作成しなさい。なお，資本金の額は各自計算すること。

| 現 | 金 | ¥ 20,000 | 商 | 品 | ¥ 50,000 | 建 | 物 | ¥200,000 |
| 土 | 地 | ¥300,000 | 借入金 | | ¥100,000 | 買掛金 | | ¥ 60,000 |

貸 借 対 照 表

横浜商店　　　　平成×年（　）月（　）日現在　　　　（単位：円）

（　　　　　　）	金　額	（　　　　　　）	金　額

【解答】

貸 借 対 照 表

横浜商店　　　　平成×年（ 1 ）月（ 1 ）日現在　　　　（単位：円）

（資　産）	金　額	（負債および純資産）	金　額
現　　　金	20,000	買　掛　金	60,000
商　　　品	50,000	借　入　金	100,000
建　　　物	200,000	資　本　金	410,000
土　　　地	300,000		
	570,000		570,000

※1　金額の桁，行は揃える。
※2　借方と貸方で行数が異なるとき，少ない方の項目に斜線を引き，合計金額の行を揃える。

【解説】

資料にある項目について，資産，負債を分類して把握する。

資産項目は貸借対照表の借方（左側），負債項目は貸方（右側）に並べる。

資産項目の合計額と負債項目の合計額の差額を「資本金」として把握し，「資本金」は貸方に負債に続けて記載する。

資産総額＝現金￥20,000＋商品￥50,000＋建物￥200,000＋土地￥300,000＝￥570,000
負債総額＝買掛金￥60,000＋借入金￥100,000＝￥160,000
「資本金」の額＝資産総額￥570,000－負債総額￥160,000＝￥410,000

【問題】 平成×年1月1日現在の金沢商店の資産および負債は，次のとおりである。金沢商店の平成×年1月1日現在の貸借対照表を作成すること。なお，資本金の額は各自計算すること。

現　　　　金	￥ 50,000	買　掛　金	￥ 40,000	備　　　品	￥220,000
商　　　　品	￥ 60,000	土　　　地	￥250,000	借　入　金	￥150,000
建　　　　物	￥350,000				

貸 借 対 照 表

金沢商店　　　平成×年（　）月（　）日現在　　　（単位：円）

（　　　　　）	金　　額	（　　　　　）	金　　額

【解答】

貸 借 対 照 表

金沢商店　　　平成×年（1）月（1）日現在　　　（単位：円）

（資　　産）	金　　額	（負債および純資産）	金　　額
現　　　　金	50,000	買　掛　金	40,000
商　　　　品	60,000	借　入　金	150,000
備　　　　品	220,000	資　本　金	740,000
建　　　　物	350,000		
土　　　　地	250,000		
	930,000		930,000

【解説】

資産総額＝現金￥50,000＋商品￥60,000＋備品￥220,000＋建物￥350,000

　　　　＋土地¥250,000＝¥930,000
　　負債総額＝買掛金¥40,000＋借入金¥150,000＝¥190,000
　　「資本金」の額＝資産総額¥930,000－負債総額¥190,000＝¥740,000

3　損益計算書

　企業は営業活動を永続的に営んでいるため，簿記では一定の期間的な区切りを付けて報告する必要がある。この区切りを**会計期間**（または会計年度）といい，1ヵ月や1年を会計期間とし，定期的に貸借対照表と損益計算書を作成する。この会計期間の初めを**期首**，終わりを**期末**という。また，現在の経済活動を営んでいる期間を**当期**といい，当期の1つ前の期間のことを**前期**という。当期の次の期間のことを**次期**という。

　簿記の目的の一つに「一定期間における損益の状況を明らかにすること」がある。
　経営成績とは，1会計期間における収益と費用の状況およびその差額である**当期純利益**を指し，これを報告するために作成される書類を**損益計算書**という。

①　収　　益
　収益とは，企業の営業活動の結果，純資産（資本）を増加させる原因となるものをいう。

＜収益項目の具体例＞

売　上（商品を販売して受け取る対価）　　　受取利息（貸付金により受け取る利息）
受取手数料（仲介等のサービスを提供して受け取る手数料）
受取家賃（店舗や部屋を貸すサービスを提供して受け取る家賃）　など

---

②　費　　用
　費用とは，企業の営業活動にともなって，純資産（資本）を減少させる原因となるものをいう。

＜費用項目の具体例＞

売上原価（販売して使った商品の原価）　　給　料（労働力の提供に対して支払う給料）
支払家賃（建物，部屋を借りて支払う家賃）
広告宣伝費（テレビ・新聞広告などに支払う代金）　　　消耗品費　　　水道光熱費
支払保険料　　支払利息　　旅費交通費　など

　当期純利益は，次のように計算される。

　　<u>収　益　－　費　用　＝　当期純利益</u>

上記の式を次のように変形すると損益計算書を作成するための等式となる。

　　<u>費用　＋　当期純利益　＝　収益　……　これを損益計算書等式という。</u>

　収益が費用を上回れば「当期純利益」を**借方**に計上し，費用が収益を上回れば「当期純損失」を**貸方**に計上することになる。

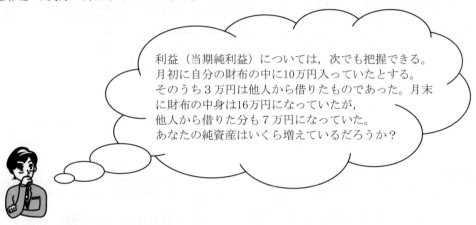

　これを簿記の世界に置き換えると，次のようにイメージされる。

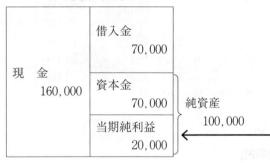

　月末資本と月初資本の差額が利益となる。利益はこのような差額でももとめられるが，「どのように利益が生じたのか」は不明である。これを示すのが，**損益計算書**である。

<　一　致　>

第1章　簿記の基礎　　9

【例題】 追浜商店における平成×1年1月1日から12月31日まで期間の費用と収益の項目は，次のとおりである。これをもとに損益計算書を作成すること。

給　　　料	¥100,000	支払利息	¥ 2,000	受取手数料	¥ 5,000
売　　　上	¥520,000	売上原価	¥280,000	支払家賃	¥10,000
広告宣伝費	¥ 13,000				

損 益 計 算 書

追浜商店　自平成（　）年（　）月（　）日至平成（　）年（　）月（　）日　（単位：円）

（　　　　　）	金　　額	（　　　　　）	金　　額

【解答】

損 益 計 算 書

追浜商店　自平成（×1）年（1）月（1）日至平成（×1）年（12）月（31）日　（単位：円）

（費　　　　用）	金　　額	（収　　　　益）	金　　額
売　上　原　価	280,000	売　　　　　上	520,000
給　　　　　料	100,000	受　取　手　数　料	5,000
支　払　家　賃	10,000		
広　告　宣　伝　費	13,000		
支　払　利　息	2,000		
当　期　純　利　益	**120,000**		
	525,000		525,000

【解説】

　費用項目と収益項目をそれぞれ選び出して，費用項目は損益計算書の借方（左側）に，収益項目は貸方（右側）に並べて記載する。

　費用総額と収益総額を比較して，収益が費用を上回っている場合には「**当期純利益**」として借方に記入し，費用が収益を上回っている場合には「**当期純損失**」として貸方に記入する。当期純利益，当期純損失は差額を埋めるように記入するため，損益計算書の末尾の合計額は**必ず一致**する。

　　　当期純利益＝収益総額¥525,000－費用総額¥405,000＝¥120,000

【問題】 川崎商店における平成×1年1月1日から12月31日までの期間の費用と収益の項目は，次のとおりである。これをもとに損益計算書を作成すること。

支払家賃 ¥80,000　受取利息 ¥20,000　売　　上 ¥910,000
売上原価 ¥480,000　給　　料 ¥150,000　水道光熱費 ¥70,000

損 益 計 算 書

川崎商店自　平成（　）年（　）月（　）日至平成（　）年（　）月（　）日　（単位：円）

（　　　　　）	金　額	（　　　　　）	金　額

【解答】

損 益 計 算 書

川崎商店　自平成（×1）年（1）月（1）日至平成（×1）年（12）月（31）日　（単位：円）

費　　用	金　額	収　　益	金　額
売　上　原　価	480,000	売　　　　上	910,000
給　　　　料	150,000	受 取 手 数 料	20,000
支　払　家　賃	80,000		
水　道　光　熱　費	70,000		
当　期　純　利　益	**150,000**		
	930,000		930,000

【解説】
収益の項目を選び出し，貸方に記入する。費用の項目を選び出し，借方に記入する。収益が費用を上回っていることを確認し，差額を埋めるように「**当期純利益**」として借方に記入する。

　　当期純利益＝収益総額¥930,000－費用総額¥780,000＝¥150,000

4　財産法と損益法

　企業の会計期間中の成績である純損益（純利益もしくは純損失）は，以下の2つの方法によって計算することができる。

1）財　産　法

　財産法とは，期首と期末の財政状態を比較することにより，会計期間中の純損益を計算する方法である。
　企業が所有する資産や負債は，営業活動を行うことによって増加・減少し，その結果，正味財産である資本の額も変化する。期首資本に比べ，期末資本が増加していれば，営業活動の結果として正味財産を増やすことができたこと（＝純利益）を，減少していれば正

味財産を減らしてしまったこと（＝純損失）を意味する。

> 期首資本＜期末資本…当期純利益
> 期首資本＞期末資本…当期純損失
> この関係は，一般に次の等式で表される。
> 期末資本－期首資本＝当期純損益（当期純利益・当期純損失）

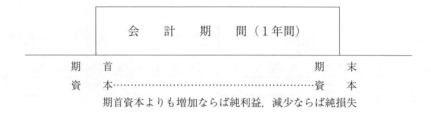

期首資本よりも増加ならば純利益，減少ならば純損失

2）損 益 法

損益法とは，資本を増加させる原因である収益と，減少させる原因である費用を比較することにより，会計期間中の純損益を計算する方法である。

企業の損益は，会計期間中の営業活動によって決まるものであるが，1）の財産法ではその発生原因を明らかにすることはできない。損益法では，プラス原因である収益とマイナス原因である費用を比較し，収益が費用を上回れば純利益が，逆に費用が収益を上回れば純損失が計上される。

> 会計期間中の収益＞会計期間中の費用……当期純利益
> 会計期間中の収益＜会計期間中の費用……当期純損失
> この関係は，一般に次の等式で表される。
> 収益－費用＝当期純損益（当期純利益・当期純損失）

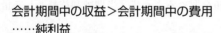

3） 財産法と損益法

当期純損益は，その会計期間における資本の増加額または減少額を示している。したがって，財産法と損益法によって計算される当期純損益は，必ず一致する。

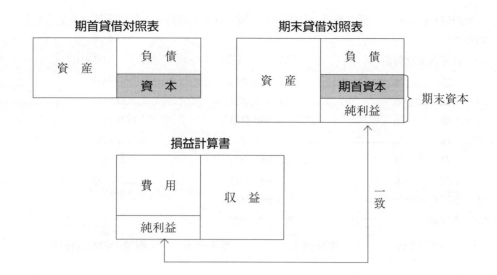

【例題】

1．次の表の空欄に適する金額を記入しなさい。なお，純損失となる場合は，純損益欄に記入する金額に△印をつけること。

	期　　首			期　　末			総収益	総費用	純損益
	資　産	負　債	資　本	資　産	負　債	資　本			
①	2,500	1,800	(　　)	3,200	(　　)	1,200	5,400	(　　)	(　　)
②	4,600	(　　)	(　　)	4,700	(　　)	1,300	7,200	(　　)	△400
③	(　　)	6,300	2,100	(　　)	5,500	(　　)	9,900	8,300	(　　)
④	3,100	(　　)	1,200	(　　)	2,300	1,000	(　　)	4,700	(　　)

2．次の資料によって，期首資本・期末資本・期末売掛金・期間中の費用総額の各金額を求めなさい。

(1) 資産および負債　　　　　　（期　　首）　　　　　　　（期　　末）
　　　現　　金　　　　　¥　550,000　　　　　　¥　540,000
　　　売　掛　金　　　　　1,100,000　　　　　　　　　？
　　　商　　品　　　　　　　610,000　　　　　　　690,000
　　　買　掛　金　　　　　1,120,000　　　　　　1,050,000
(2) 期間中の収益総額　　　　　¥2,960,000
(3) 当期純利益　　　　　　　　¥　140,000

期首資本	期末資本	期末売掛金	期間中の費用総額
¥	¥	¥	¥

第1章　簿記の基礎

3．次の資料によって，期首備品・期首資本・期末資本・期間中の収益総額の各金額を求めなさい。

(1) 資産および負債

	（期　首）	（期　末）
現　　金	¥1,980,000	¥2,580,000
売 掛 金	1,020,000	1,200,000
商　　品	852,000	660,000
備　　品	?	2,520,000
買 掛 金	780,000	900,000
借 入 金	2,400,000	2,220,000

(2) 期間中の費用総額　　　¥9,982,000
(3) 当期純損失　　　　　　¥　120,000

期首備品	期首資本	期末資本	期間中の収益総額
¥	¥	¥	¥

【解答】

1.

	期　　　首			期　　　末			総収益	総費用	純損益
	資　産	負　債	資　本	資　産	負　債	資　本			
①	2,500	1,800	(700)	3,200	(2,000)	1,200	5,400	(4,900)	(500)
②	4,600	(2,900)	(1,700)	4,700	(3,400)	1,300	7,200	(7,600)	△400
③	(8,400)	6,300	2,100	9,200	5,500	(3,700)	9,900	8,300	(1,600)
④	3,100	(1,900)	1,200	(3,300)	2,300	1,000	(4,500)	4,700	(△200)

2.

期首資本	期末資本	期末売掛金	期間中の費用総額
¥　1,140,000	¥　1,280,000	¥　1,100,000	¥　2,820,000

3.

期首備品	期首資本	期末資本	期間中の収益総額
¥　3,288,000	¥　3,960,000	¥　3,840,000	¥　9,862,000

【解説】

1.① 期首資本：期首資産¥2,500－期首負債¥1,800＝¥700
　　期末負債：期末資産¥3,200－期末資本¥1,200＝¥2,000
　　純利益：期末資本¥1,200－期首資本¥700＝¥500

総費用：総収益￥5,400－純利益￥500＝￥4,900
② 期末負債：期末資産￥4,700－期末資本￥1,300＝￥3,400
総費用：総収益￥7,200－純損失（－）￥400＝￥7,600
期首資本：期末資本￥1,300－純損失（－）￥400＝￥1,700
期首負債：期首資産￥4,600－期首資本￥1,700＝￥2,900
③ 期首資産：期首負債￥6,300＋期首資本￥2,100＝￥8,400
純利益：総収益￥9,900－総費用￥8,300＝￥1,600
期末資本：期首資本￥2,100＋純利益￥1,600＝￥3,700
期末資産：期末負債￥5,500＋期末資本￥3,700＝￥9,200
④ 期首負債：期首資産￥3,100－期首資本￥1,200＝￥1,900
期末資産：期末負債￥2,300＋期末資本￥1,000＝￥3,300
純損失：期末資本￥1,000－期首資本￥1,200＝（－）￥200
総収益：総費用￥4,700＋純損失（－）￥200＝￥4,500

2．資産は現金・売掛金・商品の合計，負債は買掛金のみ。
期首資本：期首資産￥2,260,000－期首負債￥1,120,000＝￥1,140,000
期末資本：期首資本￥1,140,000＋当期純利益￥140,000＝￥1,280,000
費用総額：収益総額￥2,960,000－当期純利益￥140,000＝￥2,820,000
期末資産：期末負債￥1,050,000＋期末資本￥1,280,000＝￥2,330,000
期末売掛金：期末資産￥2,330,000－（期末現金￥540,000＋期末商品￥690,000）
　　　　　　＝￥1,100,000

3．資産は現金・売掛金・商品・備品の合計，負債は買掛金・借入金の合計。
期末資本：期末資産￥6,960,000－期末負債￥3,120,000＝￥3,840,000
期首資本：期末資本￥3,840,000－当期純損失（－）￥120,000＝￥3,960,000
収益総額：費用総額￥9,982,000＋当期純損失（－）￥120,000＝￥9,862,000
期首資産：期首負債￥3,180,000＋期首資本￥3,960,000＝￥7,140,000
期首備品：期首資産￥7,140,000－（期首現金￥1,980,000＋期首売掛金￥1,020,000
　　　　　　＋期首商品￥852,000）＝￥3,288,000

【問題】

I　次の（ア）～（ク）の各金額を求めなさい。なお当期中に直接的な資本の増減はなかったものとする。

①

期首資本	期末資産	期末負債	期末資本	収　益	費　用	当期純利益
（ア）	（イ）	9,248,000	7,880,000	14,284,000	（ウ）	444,000

②

期首資本	期末資産	期末負債	収　益	費　用	当期純利益
（エ）	27,100,000	8,100,000	14,300,000	11,600,000	（オ）

③

期首資本	期末資産	期末負債	期末資本	収益	費用	当期純利益
（カ）	78,000,000	（キ）	28,400,000	（ク）	15,040,000	400,000

（ア）		（イ）	
（ウ）		（エ）	
（オ）		（カ）	
（キ）		（ク）	

Ⅱ 次の資料によって，期首資本，期末資本，期末売掛金，期間中の費用総額の各金額を求めなさい。

1. 資産および負債　　　　（期　　首）　　　　（期　　末）
   - 現　　　金　　　¥　550,000　　　¥　540,000
   - 売　掛　金　　　　1,100,000　　　　　　X
   - 商　　　品　　　　　610,000　　　　690,000
   - 買　掛　金　　　　1,120,000　　　1,050,000
2. 期間中の収益総額　　¥2,960,000
3. 当期純利益　　　　　¥120,000

期首資本	期末資本	期末売掛金	期間中の費用総額

Ⅲ 次の資料によって，期首資本，期末資本，期末売掛金，期間中の費用総額の各金額を求めなさい。

1. 資産および負債　　　　（期　　首）　　　　（期　　末）
   - 現　　　金　　　¥　780,000　　　¥　830,000
   - 売　掛　金　　　　　960,000　　　　　　X
   - 商　　　品　　　　　600,000　　　　520,000
   - 買　掛　金　　　　1,310,000　　　1,180,000
2. 期間中の収益総額　　¥5,200,000
3. 当期純利益　　　　　¥260,000

期首資本	期末資本	期末売掛金	期間中の費用総額

Ⅳ 次の資料によって，期首資本，期末資本，期末売掛金，期間中の収益総額の各金額を求めなさい。

1．資産および負債　　　　　　（期　　首）　　　　　（期　　末）
　　現　　　金　　　　¥　376,000　　　　¥　385,000
　　売　掛　金　　　　　　918,000　　　　　　　X
　　商　　　品　　　　　　410,000　　　　　　330,000
　　備　　　品　　　　　　270,000　　　　　　410,000
　　買　掛　金　　　　　　644,000　　　　　　855,000
2．期間中の費用総額　　　　　¥3,100,000
3．当期純利益　　　　　　　　¥40,000

期首資本	期末資本	期末売掛金	期間中の収益総額

【解答】

Ⅰ

(ア)	7,436,000	(イ)	17,128,000
(ウ)	13,840,000	(エ)	16,300,000
(オ)	2,700,000	(カ)	28,000,000
(キ)	49,600,000	(ク)	15,440,000

Ⅱ

期首資本	期末資本	期末売掛金	期間中の費用総額
1,140,000	1,260,000	1,080,000	2,840,000

Ⅲ

期首資本	期末資本	期末売掛金	期間中の収益総額
1,030,000	1,290,000	1,120,000	4,940,000

Ⅳ

期首資本	期末資本	期末売掛金	期間中の収益総額
1,330,000	1,370,000	1,100,000	3,140,000

5　取引と仕訳

1)　取引の意義

　取引という用語は日常でも用いるが，簿記では資産・負債・資本を増減させたり，収益・費用を発生させることがらを**取引**という。商品の仕入れや売り上げ，従業員への給料の支払いは，日常でも，簿記上でも取引になる。

　ところが，建物の賃貸借契約や従業員の雇用契約などの**契約**は，日常用語（？）では取引となるが，簿記上の取引とはならない。資産・負債・資本を増減させたり，収益・費用を発生させないからである。一方，火災による建物や商品の焼失は日常用語（？）では取引とはならないが，簿記上では取引となる。資産・負債・資本を増減させたり，収益・費用を発生させるからである。

【例題】　次のことがらのうち，簿記上の取引となるものの番号を示しなさい。

(1)　商品¥200,000を売り上げ，代金は月末に受け取ることにした。
(2)　店舗を建設するために，土地を借りる契約を結んだ。
(3)　火災によって，倉庫¥2,000,000が焼失した。
(4)　銀行から現金¥1,000,000を借り入れた。
(5)　商品¥400,000が盗難にあった。

簿記上の取引	

【解答】
　(1)，(3)，(4)，(5)

【解説】
　契約は，簿記上の取引とはならない。

2)　勘定と勘定科目

　簿記上の取引が生じたときに，資産・負債・純資産（資本）の増減や，収益・費用の発生を記録するが，この記録・計算をする場所を**勘定**（account；a/c）という。勘定はＴ字の形で左右に区分され，左側を**借方**，右側を**貸方**という。取引が生じた際には，一定の

ルールに従ってこの勘定の借方と貸方に記録をしていくのである。

```
           勘　定
   借　方    │    貸　方
```

　貸借対照表には資産・負債・純資産（資本）が，損益計算書には収益・費用が記載される。この資産・負債・純資産（資本）・収益・費用を構成する各科目を，**勘定科目**と呼ぶ。資産は「現金」勘定・「売掛金」勘定など，負債は「借入金」勘定・「買掛金」勘定など，資本は「資本金」勘定などの勘定科目に分類される。また，収益は「売上」勘定・「受取利息」勘定など，費用は「仕入」勘定・「給料」勘定などの勘定科目に分類される。

3）取引要素の結合関係

　取引を要素に分析してみると，下図に示すとおり8個の要素から成り立っていることがわかる。これを取引の8要素という。また，取引は，借方の取引要素と貸方の取引要素の組み合わせから成り立つが，これを**取引要素の結合関係**という。

取引要素の結合関係

借方要素	貸方要素
資産の増加	資産の減少
負債の減少	負債の増加
資本の減少	資本の増加
費用の発生	収益の発生

〔注〕——で示した取引は，発生頻度（ひんど）が高い取引。
----で示した取引は，あまり発生しない取引。

【例題】次の千葉商店の取引について，取引要素の結合関係を示しなさい。

4月　1日　（例）現金￥2,000,000を元入れして営業を開始した。
　　　6日　営業用の机・いすなどの備品￥500,000を現金で買い入れた。
　　　10日　柏商店から商品￥600,000を仕入れ，代金は掛けとした。
　　　14日　松戸商店に商品￥960,000を売り渡し，代金は掛けとした。
　　　18日　柏商店に買掛金￥600,000を現金で支払った。
　　　20日　松戸商店から売掛金の一部￥800,000を現金で受け取った。
　　　25日　従業員に本月分の給料￥320,000を現金で支払った。

日 付	勘定科目	取引要素	勘定科目	取引要素
4／1（例）	現　　　金	資産の増加	資　本　金	純資産(資本)の増加
6				
10				
14				
18				
20				
25				

【解答】
　4月　1日　現金（資産）の増加　　⇔　純資産（資本）の増加
　　　　6日　備品（資産）の増加　　⇔　現金（資産）の減少
　　　10日　仕入（費用）の発生　　⇔　買掛金（負債）の増加
　　　14日　売掛金（資産）の増加　⇔　売上（収益）の発生
　　　18日　買掛金（負債）の減少　⇔　現金（資産）の減少
　　　20日　現金（資産）の増加　　⇔　売掛金（資産）の減少
　　　25日　給料（費用）の発生　　⇔　現金（資産）の減少

4）仕　　訳

　簿記上の取引が生じたときに，各取引について記入する**勘定科目**と金額を決定し，**借方**と**貸方**へ記録することを**仕訳**という。

【例題】　次の一の宮商店の取引の仕訳を示しなさい。
　6月　1日　現金￥1,600,000を元入れして営業を開始した。
　　　　7日　浦安商店から商品￥900,000を仕入れ，代金は掛けとした。
　　　12日　勝浦商店に商品￥600,000を売り渡し，代金は現金で受け取った。
　　　14日　営業用の机・いす￥700,000を買い入れ，現金で支払った。
　　　16日　浦安商店に買掛金のうち￥500,000を現金で支払った。
　　　20日　鴨川商店から商品￥1,000,000を仕入れ，代金のうち￥200,000は現金で支払い，残額は掛けとした。
　　　23日　白井商店に商品￥1,080,000を売り渡し，代金は掛けとした。
　　　25日　従業員に本月分の給料￥260,000を現金で支払った。
　　　28日　白井商店から売掛金のうち￥400,000を現金で受け取った。

	借方科目	金　額	貸方科目	金　額
6/1				
7				
12				
14				
16				
20				
23				
25				
28				

【解答】

6/1	(借)	現　　　金	1,600,000	(貸)	資　本　金	1,600,000	
7	(借)	仕　　　入	900,000	(貸)	買　掛　金	900,000	
12	(借)	現　　　金	600,000	(貸)	売　　　上	600,000	
14	(借)	備　　　品	700,000	(貸)	現　　　金	700,000	
16	(借)	買　掛　金	500,000	(貸)	現　　　金	500,000	
20	(借)	仕　　　入	1,000,000	(貸)	現　　　金	200,000	
					買　掛　金	800,000	
23	(借)	売　掛　金	1,080,000	(貸)	売　　　上	1,080,000	
25	(借)	給　　　料	260,000	(貸)	現　　　金	260,000	
28	(借)	現　　　金	400,000	(貸)	売　掛　金	400,000	

【問題】　次の取引の仕訳を行いなさい。

4月　1日　現金￥1,000,000を元入れして営業を開始した。
　　　3日　野田銀行から現金￥1,500,000を借り入れた。
　　　5日　パソコン￥200,000を買い入れ，代金は現金で支払った。

第1章　簿記の基礎

7日　建物¥8,000,000を買い入れ，代金は後日支払うことにした。
10日　車両運搬具¥500,000を買い入れ，現金で支払った。
11日　4月7日に買い入れた建物の未払分¥8,000,000を現金で支払った。
13日　成田商店から商品¥600,000を仕入れ，代金は現金で支払った。
14日　旭商店に商品¥800,000を売り渡し，代金は現金で受け取った。
17日　東金商店から商品¥400,000を仕入れ，代金は掛けとした。
19日　冨里商店に商品¥600,000を売り渡し，代金は掛けとした。
20日　東金商店に対する買掛金のうち¥200,000を現金で支払った。
23日　冨里商店から売掛金¥300,000を現金で受け取った。
27日　栄商店に現金¥100,000を貸し付けた。
30日　栄商店への貸付金¥100,000につき，現金で返済を受けた。

	借方科目	金　額	貸方科目	金　額
4/1				
3				
5				
7				
10				
11				
13				
14				
17				
19				
20				
23				
27				
30				

【解答】

	借方科目	金　額	貸方科目	金　額
4／1	現　　　　金	1,000,000	資　本　金	1,000,000
3	現　　　　金	1,500,000	借　入　金	1,500,000
5	備　　　　品	200,000	現　　　金	200,000
7	建　　　　物	8,000,000	未　払　金	8,000,000
10	車両運搬具	500,000	現　　　金	500,000
11	未　払　金	8,000,000	現　　　金	8,000,000
13	仕　　　　入	600,000	現　　　金	600,000
14	現　　　　金	800,000	売　　　上	800,000
17	仕　　　　入	400,000	買　掛　金	400,000
19	売　掛　金	600,000	売　　　上	600,000
20	買　掛　金	200,000	現　　　金	200,000
23	現　　　　金	300,000	売　掛　金	300,000
27	貸　付　金	100,000	現　　　金	100,000
30	現　　　　金	100,000	貸　付　金	100,000

5）転　　記

仕訳を行ったあと，仕訳の内容を各勘定に書き移すことを**転記**という。勘定への転記は，次のように行う。

① 仕訳の借方勘定科目は，同じ名称の勘定の借方に**日付**と**金額**，**相手勘定科目**を記入する。

② 仕訳の貸方勘定科目は，同じ名称の勘定の貸方に**日付**と**金額**，**相手勘定科目**を記入する。

【例題】　上記の4）【例題】の仕訳を勘定（T勘定）に転記しなさい。

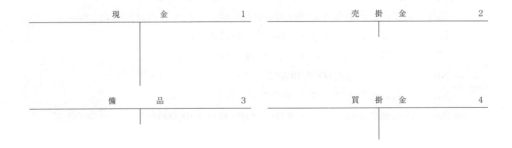

第1章　簿記の基礎

資　本　金　　　　　　5	仕　　　入　　　　　　6

売　　　上　　　　　　7	給　　　料　　　　　　8

【解答】

現　　　金　　　　　　　　1	売　掛　金　　　　　　　　2
6/ 1 資本金 1,600,000	6/14 備　品 700,000	6/23 売　上 1,080,000	6/28 現　金 400,000
12 売　上 　 600,000	16 買掛金 500,000		
28 売掛金 　 400,000	20 仕　入 200,000		
	25 給　料 260,000		

備　　　品　　　　　　　　3	買　掛　金　　　　　　　　4
6/14 現　金 700,000		6/16 現　金 500,000	6/ 7 仕　入 900,000
			20 仕　入 800,000

資　本　金　　　　　　　　5	仕　　　入　　　　　　　　6
	6/ 1 現　金 1,600,000	6/ 7 買掛金 　 900,000	
		20 諸　口 1,000,000	
		20 買掛金 　 800,000	

売　　　上　　　　　　　　7	給　　　料　　　　　　　　8
	6/12 現　金 　 600,000	6/25 現　金 260,000	
	23 売掛金 1,080,000		

【解説】

　　T勘定に転記する場合，相手科目が2つ以上あるときは，「諸口(しょくち)」と記入する。

【問題】　次の取引の仕訳を行い，各勘定への転記（日付と金額のみ，相手の勘定科目は省略）を行いなさい。

　5月　1日　現金￥1,000,000を元入れして営業を開始した。
　　　　6日　香取銀行から現金￥2,000,000を借り入れた。
　　　　7日　営業用の机・いす￥500,000を買い入れ，代金は現金で支払った。
　　　10日　八街商店から商品￥700,000を仕入れ，代金は掛けとした。
　　　13日　君津商店に商品￥1,000,000を売り渡し，代金は掛けとした。
　　　14日　白子商店に現金￥200,000を貸し付けた。
　　　17日　従業員に本月分の給料￥150,000を現金で支払った。
　　　20日　タクシー代￥4,000を現金で支払った。
　　　25日　今月の家賃￥70,000を現金で支払った。
　　　30日　茂原商店からの借入金￥500,000を利息￥10,000とともに現金で支払った。

	借方科目	金　額	貸方科目	金　額
5／1				
6				
7				
10				
13				
14				
17				
20				
25				
30				

現　金

支払家賃

支払利息

売掛金

買掛金

貸付金

借入金

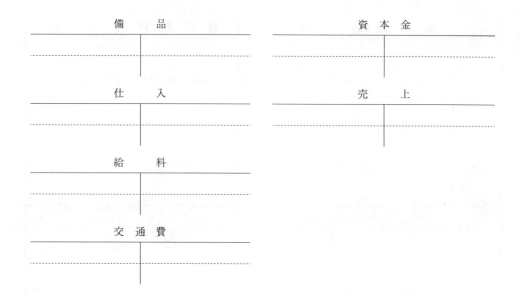

【解答】

	借方科目	金　額	貸方科目	金　額
5／1	現　　　　　金	1,000,000	資　本　　　金	1,000,000
6	現　　　　　金	2,000,000	借　入　　　金	2,000,000
7	備　　　　　品	500,000	現　　　　　金	500,000
10	仕　　　　　入	700,000	買　掛　　　金	700,000
13	売　掛　　　金	1,000,000	売　　　　　上	1,000,000
14	貸　付　　　金	200,000	現　　　　　金	200,000
17	給　　　　　料	150,000	現　　　　　金	150,000
20	交　通　　　費	4,000	現　　　　　金	4,000
25	支　払　家　賃	70,000	現　　　　　金	70,000
30	借　入　　　金 支　払　利　息	500,000 10,000	現　　　　　金	510,000

```
            現         金                              支 払 家 賃
5／1   1,000,000  5／7    500,000           5／25    70,000
   6   2,000,000    14    200,000
                    17    150,000                    支 払 利 息
                    20      4,000           5／30    10,000
                    25     70,000
                    30    510,000
```

売　掛　金		買　掛　金	
5/13　1,000,000			5/10　700,000

貸　付　金		借　入　金	
5/14　200,000		5/30　500,000	5/ 6　2,000,000

備　　品		資　本　金	
5/ 7　500,000			5/ 1　1,000,000

仕　　入		売　　上	
5/10　700,000			5/13　1,000,000

給　　料	
5/17　150,000	

交　通　費	
5/20　4,000	

6　仕訳帳と総勘定元帳

1）仕　訳　帳

　これまで簿記上の取引が生じたときに行う仕訳と転記を学んだが，この仕訳を記入する帳簿を**仕訳帳**という。仕訳帳の記入方法は次の通りである。

① 日付欄には取引の発生した月日を記入する。通常，月は1回記入したら月が変わるまで記入せず，月が変わったときに記入する。ただし，仕訳帳のページが変わった場合には，新たなページの最初の仕訳に月を記入することもある。また，同日の取引については日を記入せず「〃」を記入する。

② 摘要欄には借方と貸方に分けて勘定科目を記入する。借方または貸方の勘定科目が複数になるときには，勘定科目の上に「**諸口**（しょくち）」と記入する。また，仕訳の下の行に取引を補足説明するための「**小書き**（こがき）」を記入する。

③ 元帳欄には，仕訳を各勘定に転記したときに，その勘定科目の番号を記入する。

④ 借方・貸方欄には，借方・貸方の勘定科目と同じ行に，その金額を記入する。

仕 訳 帳

❸→1

平成○年		❶→摘　　要	❷元丁	借　方	貸　方
8	1	（現　　　　金）	1	1,600,000	
		（資　本　金）	5		1,600,000
		元入れして営業開始❹			
	7	（仕　　　　入）	6	900,000	
		（買　掛　金）	4		900,000
		○○商店から仕入れ			
	12	（現　　　　金）	1	600,000	
		（売　　　上）	7		600,000
		○○商店へ売上げ			
	14	（備　　　　品）	3	700,000	
		（現　　　金）	1		700,000
		営業用の机・いすの買い入れ			

〔注〕❶　借方の勘定科目は左側に，貸方の勘定科目は右側に，（　）をつけて記入する。仕訳の下に，小書きを記入する。
　　　❷　仕訳を各勘定に転記したとき，その勘定科目の番号を元丁欄に記入する。
　　　❸　仕訳帳のページを記入する。
　　　❹　次の取引を記入するときに，横線を引いて区切る。

2）総勘定元帳（元帳）

　仕訳を転記したすべての勘定をまとめた帳簿を，**総勘定元帳**または**元帳**という。総勘定元帳は仕訳帳とともに簿記上欠くことのできない重要な帳簿であり，**主要簿**と呼ばれる。総勘定元帳は，資産・負債・純資産（資本）の増減，収益・費用の発生について企業内容を全体的に表示するため，貸借対照表や損益計算書の作成資料となる。総勘定元帳の記入方法は次のとおりである。

①　日付欄には仕訳帳の日付を記入する。月は１回記入したら月が変わるまで記入しない。また，同日の取引については日を記入せず「〃」を記入する。
②　摘要欄には仕訳の相手勘定科目を記入する。相手の勘定科目が複数になるときには，「諸口」と記入する。
③　仕丁欄には転記した仕訳が記入されている仕訳帳のページを記入する。
④　借方欄には仕訳の借方金額を，貸方欄には仕訳の貸方金額を記入する。

総 勘 定 元 帳

現　　　金　　　　　　　　　　　　　❸→1

❶平成○年		摘　要	仕丁	借　方	平成○年		摘　要	仕丁	貸　方
5	1	資　本　金	1	800,000	5	6	商　　品	1	300,000
	10	諸　　　口	〃	500,000		8	備　　品	〃	250,000
	16	売　掛　金	〃	650,000		22	買　掛　金	〃	400,000
						23	広　告　料	〃	150,000

〔注〕
❶ 仕訳帳の日付を記入する。
❷ 仕訳が記入されている仕訳帳のページを仕丁欄に記入する。
❸ 各勘定科目の番号を記入する。
❹ 仕訳の相手の勘定科目が複数になるときは諸口と記入する。
❺ 仕訳の相手の勘定科目を記入する。

【例題】 次の取引を仕訳帳に記入し，総勘定元帳に転記しなさい。

8月　1日　現金￥3,000,000を元入れして営業を開始した。
　　　3日　営業用の机・いす￥600,000を買い入れ，現金で支払った。
　　　7日　市川商店から商品￥1,200,000を仕入れ，代金のうち￥400,000を現金で支払い，残額は掛けとした。
　　　10日　船橋商店に商品￥900,000を売り渡し，代金のうち￥500,000を現金で受け取り，残額は掛けとした。

仕　訳　帳　　　　　　　　　　1

平成○年		摘　　要	元丁	借　方	貸　方
8	1	（　　　　）			
		（　　　　）			
		元入れして営業開始			
		（　　　　）			
		（　　　　）			
		営業用の机・いすの買い入れ			
		（　　　　）　諸　　口			
		（　　　　）			
		（　　　　）			
		市川商店から仕入れ			
		諸　口　（　　　　）			
		（　　　　）			
		（　　　　）			
		船橋商店に売り上げ			

総勘定元帳

現　　金　　　　　1

平成○年	摘　要	仕丁	借　方	平成○年	摘　要	仕丁	貸　方

売　掛　金　　　　2

平成○年	摘　要	仕丁	借　方	平成○年	摘　要	仕丁	貸　方

備　　品　　　　　3

平成○年	摘　要	仕丁	借　方	平成○年	摘　要	仕丁	貸　方

買　掛　金　　　　4

平成○年	摘　要	仕丁	借　方	平成○年	摘　要	仕丁	貸　方

資　本　金　　　　5

平成○年	摘　要	仕丁	借　方	平成○年	摘　要	仕丁	貸　方

仕　　入　　　　　6

平成○年	摘　要	仕丁	借　方	平成○年	摘　要	仕丁	貸　方

売　　上　　　　　7

平成○年	摘　要	仕丁	借　方	平成○年	摘　要	仕丁	貸　方

【解答】

仕 訳 帳　　　1

平成○年		摘　要	元丁	借　方	貸　方
8	1	（現　　金）	1	3,000,000	
		（資　本　金）	5		3,000,000
		元入れして営業開始			
	3	（備　　品）	3	600,000	
		（現　　金）	1		600,000
		営業用の机・いすの買い入れ			
	7	（仕　　入）諸　口	6	1,200,000	
		（現　　金）	1		400,000
		（買　掛　金）	4		800,000
		市川商店から仕入れ			
	10	諸　口（売　　上）	7		900,000
		（現　　金）	1	500,000	
		（売　掛　金）	2	400,000	
		船橋商店に売り上げ			

総 勘 定 元 帳

現　金　　　1

平成○年		摘　要	仕丁	借　方	平成○年		摘　要	仕丁	貸　方
8	1	資　本　金	1		8	3	備　　品	1	600,000
	10	売　　上	〃			7	仕　　入	〃	400,000

売　掛　金　　　2

平成○年		摘　要	仕丁	借　方	平成○年		摘　要	仕丁	貸　方
8	10	売　　上	1						

備　品　　　3

平成○年		摘　要	仕丁	借　方	平成○年		摘　要	仕丁	貸　方
8	3	現　　金	1						

買　掛　金　　　4

平成○年		摘　要	仕丁	借　方	平成○年		摘　要	仕丁	貸　方
					8	7	仕　　入	1	800,000

			資　本　金				5
平成○年	摘　要	仕丁	借　方	平成○年	摘　要	仕丁	貸　方
				8　1	現　　　金	1	3,000,000

			仕　入				6
平成○年	摘　要	仕丁	借　方	平成○年	摘　要	仕丁	貸　方
8　7	諸　　　口	1					

			売　上				7
平成○年	摘　要	仕丁	借　方	平成○年	摘　要	仕丁	貸　方
				8　10	諸　　　口	1	900,000

7　試算表

1）試算表の意義

　仕訳帳から総勘定元帳への転記が正しく行われたかどうかを確かめるために作成する表を**試算表**（Trial Balance；T／B）という。仕訳帳から総勘定元帳への転記が正しい限り，試算表の借方合計金額と貸方合計金額は一致しなければならない。一致しない場合には，元帳への転記に誤りがあることになるため，調べて訂正する。また，試算表から企業の財政状態や経営成績を知ることができる。

2）試算表の種類と作成方法

　試算表には，**合計試算表**，**残高試算表**および**合計残高試算表**がある。それぞれの試算表の作成方法は，次のとおりである。

①　合計試算表

　合計試算表は，総勘定元帳の各勘定の借方合計金額と貸方合計金額を計上して作成する。**合計試算表の借方合計金額と貸方合計金額は必ず一致**する。

【例題1】 次の総勘定元帳の記入から，合計試算表を作成しなさい。

```
            現         金            1                    売 掛 金              2
6/ 1 資本金 1,600,000  6/14 備 品  700,000   6/23 売 上 1,080,000  6/28 現 金  400,000
  12 売 上    600,000    16 買掛金  500,000
  28 売掛金   400,000    20 仕 入   200,000
                        25 給 料   260,000

            備         品            3                    買 掛 金              4
6/14 現 金   700,000                         6/16 現 金   500,000  6/ 7 仕 入   900,000
                                                                   20 仕 入   800,000

            資 本 金                 5                    売   上               6
                        6/ 1 現 金 1,600,000                       6/12 現 金   600,000
                                                                   23 売掛金 1,080,000

            仕         入            7                    給   料               8
6/ 7 買掛金  900,000                          6/25 現 金   260,000
  20 現 金   200,000
  20 買掛金  800,000
```

合 計 試 算 表
平成○年6月30日

借　方	元丁	勘　定　科　目	貸　方
	1	現　　　　　　金	
	2	売　　掛　　金	
	3	備　　　　　　品	
	4	買　　掛　　金	
	5	資　　本　　金	
	6	売　　　　　　上	
	7	仕　　　　　　入	
	8	給　　　　　　料	

【解答】

合 計 試 算 表
平成○年6月30日

借　　方	元丁	勘　定　科　目	貸　　方
2,600,000	1	現　　　　　金	1,660,000
1,080,000	2	売　　掛　　金	400,000
700,000	3	備　　　　　品	
500,000	4	買　　掛　　金	1,700,000
	5	資　　本　　金	1,600,000
	6	売　　　　　上	1,680,000
1,900,000	7	仕　　　　　入	
260,000	8	給　　　　　料	
7,040,000			7,040,000

② 残高試算表

残高試算表は，総勘定元帳の各勘定の残高（借方合計金額と貸方合計金額の差額）を集めて作成する。したがって，**残高試算表も借方合計金額と貸方合計金額は必ず一致**する。

【例題2】 上記の【例題1】の合計試算表から，残高試算表を作成しなさい。

残 高 試 算 表
平成○年6月30日

借　　方	元丁	勘　定　科　目	貸　　方

【解答】

残 高 試 算 表
平成○年6月30日

借方	元丁	勘定科目	貸方
940,000	1	現　　　　金	
680,000	2	売　掛　　金	
700,000	3	備　　　　品	
	4	買　掛　　金	1,200,000
	5	資　本　　金	1,600,000
	6	売　　　　上	1,680,000
1,900,000	7	仕　　　　入	
260,000	8	給　　　　料	
4,480,000			4,480,000

③ **合計残高試算表**

合計残高試算表は，合計試算表と残高試算表を一つにまとめたものである。

【例題3】　上記の【例題1】と【例題2】から，合計残高試算表を作成しなさい。

合 計 残 高 試 算 表
平成○年6月30日

借方		元丁	勘定科目	貸方	
残高	合計			合計	残高
		1	現　　　　金		
		2	売　掛　　金		
		3	備　　　　品		
		4	買　掛　　金		
		5	資　本　　金		
		6	売　　　　上		
		7	仕　　　　入		
		8	給　　　　料		

【解答】

合 計 残 高 試 算 表
平成○年6月30日

借方		元丁	勘定科目	貸方	
残高	合計			合計	残高
940,000	2,600,000	1	現　　　　　金	1,660,000	
680,000	1,080,000	2	売　　掛　　金	400,000	
700,000	700,000	3	備　　　　　品		
	500,000	4	買　　掛　　金	1,700,000	1,200,000
		5	資　　本　　金	1,600,000	1,600,000
		6	売　　　　　上	1,680,000	1,680,000
1,900,000	1,900,000	7	仕　　　　　入		
260,000	260,000	8	給　　　　　料		
4,480,000	7,040,000			7,040,000	4,480,000

【問題】 次の取引の仕訳と転記（日付と金額のみ，相手の勘定科目は省略）を行うとともに，6月末日の合計残高試算表を作成しなさい。

6月 1日 館山商店から商品￥1,900,000を仕入れ，代金は掛けとした。
　　 4日 御宿商店に現金￥1,000,000を貸し付けた。
　　 5日 今月の家賃￥160,000を現金で支払った。
　　10日 富津商店に商品￥2,400,000を売り渡し，代金のうち￥800,000を現金で受け取り，残額は掛けとした。
　　13日 御宿商店への貸付金￥1,000,000とその利息￥12,000を現金で受け取った。
　　15日 富津商店への売掛金のうち￥1,200,000を現金で受け取った。
　　20日 館山商店への買掛金のうち￥1,600,000を現金で支払った。
　　23日 従業員に本月分の給料￥600,000を現金で支払った。
　　24日 商品売買の仲介をおこない，その手数料￥100,000を現金で受け取った。
　　30日 借入金の利息￥80,000を現金で支払った。

	借方科目	金　　額	貸方科目	金　　額
6／1				
4				
5				
10				
13				
15				
20				
23				
24				
30				

現　　金

前月繰越　6,000,000

売　掛　金

貸　付　金

仕　　入

給　　料

支　払　家　賃

支　払　利　息

買　掛　金

借　入　金

　　　　　　　　前月繰越　2,000,000

資　本　金

　　　　　　　　前月繰越　4,000,000

売　　上

受取手数料

受　取　利　息

合　計　残　高　試　算　表

借方残高	借方合計	勘定科目	貸方合計	貸方残高
		現　　　　　金		
		売　　掛　　金		
		貸　　付　　金		
		買　　掛　　金		
		借　　入　　金		
		資　　本　　金		
		売　　　　　上		
		受　取　手　数　料		
		受　取　利　息		
		仕　　　　　入		
		給　　　　　料		
		支　払　家　賃		
		支　払　利　息		

【解答】

	借　方　科　目	金　　額	貸　方　科　目	金　　額
6／1	仕　　　　　入	1,900,000	買　　掛　　金	1,900,000
4	貸　　付　　金	1,000,000	現　　　　　金	1,000,000
5	支　払　家　賃	160,000	現　　　　　金	160,000
10	現　　　　　金 売　　掛　　金	800,000 1,600,000	売　　　　　上	2,400,000
13	現　　　　　金	1,012,000	貸　　付　　金 受　取　利　息	1,000,000 12,000
15	現　　　　　金	1,200,000	売　　掛　　金	1,200,000
20	買　　掛　　金	1,600,000	現　　　　　金	1,600,000
23	給　　　　　料	600,000	現　　　　　金	600,000
24	現　　　　　金	100,000	受　取　手　数　料	100,000
30	支　払　利　息	80,000	現　　　　　金	80,000

	現　　　金				支　払　利　息		
前月繰越	6,000,000	6/ 4	1,000,000	6/30	80,000		
6/10	800,000	5	160,000		買　　掛　　金		
13	1,012,000	20	1,600,000	6/20	1,600,000	6/ 1	1,900,000
15	1,200,000	23	600,000		借　　入　　金		
24	100,000	30	80,000			前月繰越	2,000,000

	売　　掛　　金				資　　本　　金		
6/10	1,600,000	6/15	1,200,000			前月繰越	4,000,000

	貸　　付　　金				売　　　　上		
6/ 4	1,000,000	6/13	1,000,000			6/10	2,400,000

	仕　　　入				受　取　手　数　料		
6/ 1	1,900,000					6/24	100,000

	給　　　料				受　取　利　息		
6/23	600,000					6/13	12,000

	支　払　家　賃		
6/ 5	160,000		

合　計　残　高　試　算　表

借方残高	借方合計	勘定科目	貸方合計	貸方残高
5,672,000	9,112,000	現　　　金	3,440,000	
400,000	1,600,000	売　　掛　　金	1,200,000	
	1,000,000	貸　　付　　金	1,000,000	
	1,600,000	買　　掛　　金	1,900,000	300,000
		借　　入　　金	2,000,000	2,000,000
		資　　本　　金	4,000,000	4,000,000
		売　　　　上	2,400,000	2,400,000
		受　取　手　数　料	100,000	100,000
		受　取　利　息	12,000	12,000
1,900,000	1,900,000	仕　　　入		
600,000	600,000	給　　　料		
160,000	160,000	支　払　家　賃		
80,000	80,000	支　払　利　息		
8,812,000	16,052,000		16,052,000	8,812,000

8 決　　　算

決算とは，事業年度の末日までの全ての取引を記帳し，総勘定元帳を完成させ，貸借対照表，損益計算書を作成することをいう。

決算の一連の手続きは次のとおりである。
　Ⅰ　決算予備的手続き　─　試算表の作成（元帳の正確性を検証）。
　Ⅱ　決 算 本 手 続 き　─　元帳の締切り，繰越試算表の作成。
　⇒元帳を完成させることを，「元帳の締切り」という。

元帳の締め切りは，以下のように行い，貸借対照表科目と損益計算書科目とでは異なる。
　①　収益勘定，費用勘定の貸借残高　⇒　「**損益**」勘定に振替。収益勘定，費用勘定の締切り
　②　「損益」勘定の貸借残高　　　　⇒　「**資本金**」勘定に振替。損益勘定の締切り。
　③　資産・負債・純資産（資本）勘定の締切り。
　⇒振替とは，勘定残高を他の勘定に移すことであり，元帳を締め切るための仕訳である。

　Ⅲ　財務諸表の作成－貸借対照表，損益計算書の作成。
　　　元帳を締め切った後，各勘定の次期繰越残高から繰越試算表を作成し，次期繰越残高の貸借一致を確認する。元帳残高から，財務諸表（貸借対照表，損益計算書）を作成する。

1）「損益」勘定への振替

収益と費用勘定の勘定残高振替について，仕入，売上を例に示せば，次のとおりとなる。
　①　仕入勘定の借方合計は¥80,000，貸方合計は¥5,000，貸借差額残高（勘定残高）は借方¥75,000である。
　②　売上勘定の借方合計は¥1,000，貸方合計は¥121,000，貸借差額残高（勘定残高）は貸方¥120,000となる。
　③　上記①②を含めた全ての収益科目，費用科目の勘定残高を決算日に「損益」勘定に振り替え，収益，費用科目の元帳は締め切られる。

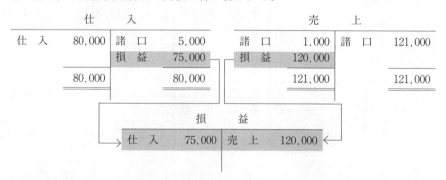

振替仕訳　　　（損　　　益）　75,000　／　（仕　　　入）　75,000
　　　　　　　（売　　　上）　120,000　／　（損　　　益）　120,000

2）「損益」勘定を「資本金」勘定に振替

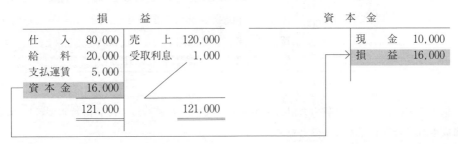

「損益」勘定の勘定残高は，貸方16,000円となり，この金額は当期の利益，当期純利益を示すこととなり，これを「**資本金**」勘定に振り替える。

振替仕訳　　　（損　　　益）　16,000　　（資　　本　　金）　16,000

「損益」勘定を「**資本金**」に振り替えることによって，当初の資本金と当期純利益が合体し，それが次年度の資本金となる。つまり，会社は利益を上げれば，その分資本金が大きくなり，会社も大きくなる。「損益」勘定は損益計算書に相当することになる。

3）　資産・負債・純資産（資本金）勘定の締切り

　資産・負債・資本勘定は，決算日に，期末残高を「**次期繰越**」と記入し，貸借を一致させ元帳を締め切る。次年度期首になると，その金額を「**前期繰越**」と記入する。これを開始記入という。

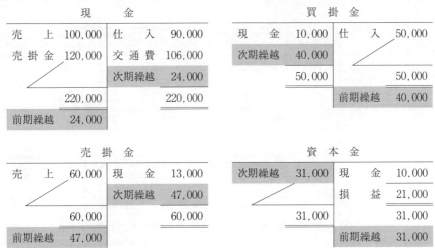

4）　繰越試算表の作成

　資産・負債・資本勘定の元帳を締め切り，「次期繰越」の金額を集めて，**繰越試算表**を作成する。

第1章　簿記の基礎　　41

繰 越 試 算 表
平成〇年12月31日

借　方	勘 定 科 目	貸　方
24,000	現　　　　金	
47,000	売　掛　　金	
	買　掛　　金	40,000
	資　本　　金	31,000
71,000		71,000

　繰越試算表の借方合計と貸方合計は一致する。また，<u>繰越試算表は貸借対照表科目のみ</u>で構成され，貸借対照表の基礎となる。

5）財務諸表の作成

　全ての勘定科目の元帳を締め切り，繰越試算表を作成し，「損益」勘定より損益計算書，繰越試算表より貸借対照表を作成する。

> ◎まとめ
> 　収益勘定と費用勘定⇒「損益」勘定⇒「資本金」勘定⇒損益計算書
> 　資産勘定と負債勘定と純資産（資本）勘定⇒「次期繰越」⇒「繰越試算表」⇒貸借対照表

【例題】　次の勘定口座に基づいて，以下の設問に答えなさい。ただし，事業年度は1年，決算日は12月31日とする。

① 各勘定を締め切りなさい。

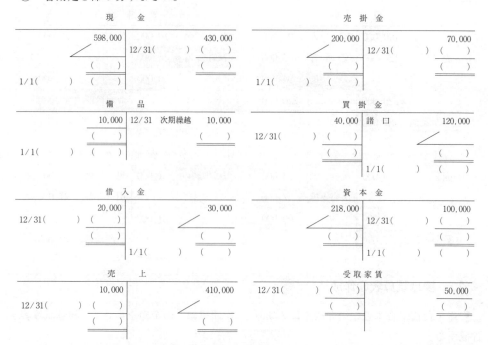

```
           仕       入                                    給       料
       201,000 |          1,000                    120,000 | 12/31(      ) (      )
               | 12/31(      ) (      )             (    ) |                (      )
       (     ) |          (      )

           支 払 利 息                                     損       益
        12,000 | 12/31(      ) (      )    12/31 仕   入 (      ) | 12/31 売   上 (      )
        (    ) |          (      )           〃  給   料 (      ) |   〃  受取家賃 (      )
                                             〃  支払利息 (      ) |
                                             〃  資 本 金 (      ) |
                                                      (      ) |           (      )
```

② 決算振替仕訳を示しなさい。

収益の振替
　（借）（　　　　）（　　　　）　（貸）（　　　　）（　　　　）
　　　　（　　　　）（　　　　）

費用勘定の振替
　（借）（　　　　）（　　　　）　（貸）（　　　　）（　　　　）
　　　　　　　　　　　　　　　　　　　（　　　　）（　　　　）
　　　　　　　　　　　　　　　　　　　（　　　　）（　　　　）

損益勘定の振替
　（借）（　　　　）（　　　　）　（貸）（　　　　）（　　　　）

③ 繰越試算表を作成しなさい。

繰　越　試　算　表
平成○年12月31日

借　方	勘 定 科 目	貸　方

④ 財務諸表を作成しなさい。

損　益　計　算　書
自平成○年1月1日　至平成○年12月31日

費　用	金　額	収　益	金　額

貸　借　対　照　表
平成○年12月31日

資　産	金　額	負債及び純資産	金　額

【解答】

① 勘定記入

現　　金			
	598,000		430,000
		12/31（次期繰越）	(168,000)
	(598,000)		(598,000)
1/1（前期繰越）	(168,000)		

売　掛　金			
	200,000		70,000
		12/31（次期繰越）	(130,000)
	(200,000)		(200,000)
1/1（前期繰越）	(130,000)		

備　　品			
	10,000	12/31（次期繰越）	10,000
	(10,000)		(10,000)
1/1（前期繰越）	(10,000)		

買　掛　金			
	40,000		120,000
12/31（次期繰越）	(80,000)		
	(120,000)		(120,000)
		1/1（前期繰越）	(80,000)

借　入　金			
	20,000		30,000
12/31（次期繰越）	(10,000)		
	(30,000)		(30,000)
		1/1（前期繰越）	(10,000)

資　本　金			
12/31（次期繰越）	218,000	現　　金	100,000
		12/31（損　益）	(118,000)
	(218,000)		(218,000)
		1/1（前期繰越）	(218,000)

売　　上			
	10,000		410,000
12/31（損　益）	(400,000)		
	(410,000)		(410,000)

受　取　家　賃			
12/31（損　益）	50,000	諸　口	50,000
	(50,000)		(50,000)

仕　　入			
	201,000		1,000
		12/31（損　益）	(200,000)
	(201,000)		(201,000)

給　　料			
	120,000	12/31（損　益）	120,000
	(120,000)		(120,000)

支　払　利　息			
	12,000	12/31（損　益）	12,000
	(12,000)		(12,000)

損　　益			
12/31 仕　入	(200,000)	12/31 売　上	(400,000)
〃 給　料	(120,000)	〃 受取家賃	(50,000)
〃 支払利息	(12,000)		
〃 資本金	(118,000)		
	(450,000)		(450,000)

② 決算振替仕訳

収益勘定の振替

（借）（売　　　　上）（ 400,000)　　（貸）（損　　　　益）（ 450,000)
　　　（受　取　家　賃）（ 50,000)

費用勘定の振替

（借）（損　　　　益）（ 332,000)　　（貸）（仕　　　　入）（ 200,000)
　　　　　　　　　　　　　　　　　　　　　（給　　　　料）（ 120,000)
　　　　　　　　　　　　　　　　　　　　　（支　払　利　息）（ 12,000)

損益勘定の振替

（借）（損　　　　益）（ 118,000)　　（貸）（資　本　金）（ 118,000)

③ 繰越試算表の作成

繰　越　試　算　表
平成○年12月31日

借　方	勘　定　科　目	貸　方
168,000	現　　　　　金	
130,000	売　　掛　　金	
10,000	備　　　　　品	
	買　　掛　　金	80,000
	借　　入　　金	10,000
	資　　本　　金	218,000
308,000		308,000

④ 財務諸表の作成

損　益　計　算　書
自平成○年1月1日　至平成○年12月31日

費　　用	金　額	収　　益	金　額
売 上 原 価	200,000	売　上　高	400,000
給　　　料	120,000	受 取 家 賃	50,000
支 払 利 息	12,000		
当 期 準 利 益	118,000		
	450,000		450,000

貸　借　対　照　表
平成○年12月31日

資　　産	金　額	負債及び純資産(資本)	金　額
現　　　金	168,000	買　掛　金	80,000
売　掛　金	130,000	借　入　金	10,000
備　　　品	10,000	資　本　金	218,000
	308,000		308,000

【解説】
　損益勘定への振替と，次期繰越は決算日となり，開始記帳は期首の日付となる。損益計算書の表示としては，売上は「売上高」，仕入は「売上原価」となることに注意する。

9　精算表

　精算表とは，事業年度途中あるいは決算作業中に，損益計算書及び貸借対照表作成のために仮に作成する表である。精算表には，6桁精算表と8桁精算表があるが，ここでは，残高試算表欄，損益計算書欄，貸借対照表欄の借方，貸方合計6つの列（桁）からなる6桁精算表について学習する。

精算表
平成○年12月31日

勘定科目	残高試算表 借方	残高試算表 貸方	損益計算書 借方	損益計算書 貸方	貸借対照表 借方	貸借対照表 貸方
現　　　金	168,000				168,000	
売　掛　金	130,000				130,000	
備　　　品	10,000				10,000	
買　掛　金		80,000				80,000
借　入　金		10,000				10,000
資　本　金		100,000				100,000
売　　　上		400,000		400,000		
受取家賃		50,000		50,000		
仕　　　入	200,000		200,000			
給　　　料	120,000		120,000			
支払利息	12,000		12,000			
当期純利益			118,000			118,000
合　　　計	640,000	640,000	450,000	450,000	308,000	308,000

　6桁精算表の作成方法は，次のとおりである。
　① 元帳より残高試算表欄を作成する。
　② 残高試算表欄の資産，負債，純資産（資本）科目の残高を貸借対照表欄に移記する。
　③ 残高試算表欄の収益，費用科目の残高を損益計算書欄に移記する。
　④ 損益計算書欄の借方合計，貸方合計を一致させる金額を計算する。貸方合計が大きい場合は，差額は**当期純利益**となり，勘定科目欄に当期純利益と記入し，**借方欄**に数値を記入して貸借合計を一致させる。借方合計が大きい場合は，差額は**当期純損失**となり，勘定科目欄に当期純損失と記入し，貸方欄に数値を記入して貸借合計を一致させる。
　⑤ 当期純利益または当期純損失の数値を貸借対照表欄に記入する（当期純利益の場合は貸方，当期純損失の場合は借方）。借方合計と貸方合計の一致を確認する。

　以上のように，6桁精算表では，元帳から離れ，元帳を完成させる前の損益計算書，貸借対照表が作成できる。

【例題】 次の勘定残高より，6桁精算表を作成しなさい。

現　　金	24,000	備　　品	20,000	資　本　金	10,000	給　　料	24,000
売　掛　金	20,000	土　　地	40,000	売　　上	300,000	支払家賃	4,800
商　　品	18,000	買　掛　金	16,000	受取利息	1,000	支払利息	1,200
貸　付　金	10,000	借　入　金	15,000	仕　　入	180,000		

精　算　表

平成〇年12月31日

勘定科目	残高試算表		損益計算書		貸借対照表	
	借　方	貸　方	借　方	貸　方	借　方	貸　方
現　　　金						
売　掛　金						
商　　　品						
貸　付　金						
備　　　品						
土　　　地						
買　掛　金						
借　入　金						
資　本　金						
売　　　上						
受　取　利　息						
仕　　　入						
給　　　料						
支　払　運　賃						
支　払　利　息						
当　期　純　利　益						
合　　　計						

【解答】

精　算　表
平成○年12月31日

勘定科目	残高試算表 借方	残高試算表 貸方	損益計算書 借方	損益計算書 貸方	貸借対照表 借方	貸借対照表 貸方
現　　　金	24,000				24,000	
売　掛　金	20,000				20,000	
商　　　品	18,000				18,000	
貸　付　金	10,000				10,000	
備　　　品	20,000				20,000	
土　　　地	40,000				40,000	
買　掛　金		16,000				16,000
借　入　金		15,000				15,000
資　本　金		10,000				10,000
売　　　上		300,000		300,000		
受　取　利　息		1,000		1,000		
仕　　　入	180,000		180,000			
給　　　料	24,000		24,000			
支　払　運　賃	4,800		4,800			
支　払　利　息	1,200		1,200			
当　期　純　利　益			91,000			91,000
合　　　計	342,000	342,000	301,000	301,000	132,000	132,000

【解説】
　損益計算書の貸方合計￥301,000と当期純利益計上前の借方合計￥210,000の差額￥91,000が当期純利益となる。当期純利益の金額を貸借対照表の貸方に記入して，貸借合計を求めると￥132,000と一致する。

―精算表の表すもの―
　6桁精算表は，複式簿記の構造を示している。

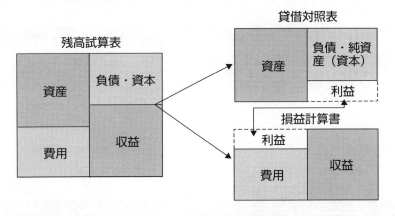

　残高試算表は全ての取引を記帳した各勘定残高の集計表である。複式簿記は取引を2面的にとらえ，例えば，商品を現金で販売した取引であれば，現金という資産の増加，売上という収益の認識ととらえる。また残高試算表は2つに分解されて，貸借対照表と損益計算書となる。それぞれの表の貸借を一致させる金額が利益である。利益は収益と費用の差額であり，一方で資産，負債の増減結果である。

第2章　諸取引の仕訳

1　現金・預金取引

1）現　　金

簿記上で使用される**現金**は，通常使用される現金よりも範囲が広い。簿記上，現金として取り扱われる主なものは次のとおりである。

<簿記上の現金>
① 通貨（紙幣・硬貨）
② 他人振り出しの小切手
③ 郵便為替証書
④ 配当金領収証
⑤ 期日の到来した公社債の利札

―現金に関する仕訳―
現金を受け取ったとき（商品を売り上げたことにより）：
　　（現　　　　金）×××　　（売　　　　上）×××
　　【資　　産】　　　　　　　【収　　益】
現金を支払ったとき（商品を仕入れることにより）：
　　（仕　　　　入）×××　　（現　　　　金）×××
　　【費　　用】　　　　　　　【資　　産】
⇒現金を受け取ったら，その増加額を借方に仕訳し，現金を支払ったら，その減少額を貸方に仕訳する。ただし，小切手を受け取りただちに預金に入金した場合はその預金となる。

【例題】　次の取引の仕訳を示しなさい。

1．帯広商店に商品¥100,000を売り渡し，代金は現金で受け取った。

借方科目	金　額	貸方科目	金　額

2．釧路商店から商品¥150,000を仕入れ，代金は現金で支払った。

借方科目	金　額	貸方科目	金　額

3．函館物産株式会社から所有する株式の配当金領収証¥50,000が送付されてきた。

借　方　科　目	金　　額	貸　方　科　目	金　　額

4．旭川商店に商品¥400,000を売り渡し，代金のうち¥300,000は同店振り出しの小切手で受け取り，残額は掛けとした。

借　方　科　目	金　　額	貸　方　科　目	金　　額

5．札幌商店より商品¥300,000を仕入れ，代金のうち¥200,000はさきに受け取っていた小切手で支払い，残額は掛けとした。

借　方　科　目	金　　額	貸　方　科　目	金　　額

6．網走商店から売掛金の回収として，郵便為替証書¥100,000を受け取った。

借　方　科　目	金　　額	貸　方　科　目	金　　額

7．さきに購入していたA社社債の利札¥3,000の支払期日が到来した。

借　方　科　目	金　　額	貸　方　科　目	金　　額

【解答】

1．（借）現　　　　　金　　100,000　　（貸）売　　　　　上　　100,000
2．（借）仕　　　　　入　　150,000　　（貸）現　　　　　金　　150,000
3．（借）現　　　　　金　　 50,000　　（貸）受 取 配 当 金　　 50,000
4．（借）現　　　　　金　　300,000　　（貸）売　　　　　上　　400,000
　　　　売　　掛　　金　　100,000
5．（借）仕　　　　　入　　300,000　　（貸）現　　　　　金　　100,000
　　　　　　　　　　　　　　　　　　　　　　買　　掛　　金　　200,000
6．（借）現　　　　　金　　100,000　　（貸）売　　掛　　金　　100,000
7．（借）現　　　　　金　　 3,000　　（貸）有 価 証 券 利 息　 3,000

【解説】

4．通貨以外の現金として取り扱われる他人振り出しの小切手などを受け取った場合，「現金」として処理する。同店とは，文章中に出てきた取引相手と同じ商店である。ま

た，当店とは，取引を記録している（仕訳している）本人を指す。
5．小切手を受け取った場合には，「現金」として処理しているため，その小切手を支払いに充てた場合は，「現金」として処理する。

【問題】 次の取引の仕訳を示しなさい。
1．郵便切手￥2,000を買い入れ，代金は現金で支払った。
2．釧路商店に商品￥150,000を売り渡し，代金は現金で受け取った。
3．黒川商店へ商品売買の仲介手数料￥35,000を現金で支払った。
4．秋田商店から商品￥100,000を仕入れ，代金は現金で支払った。
5．札幌商店へ商品￥55,000を売り渡し，代金は同店振り出しの小切手で受け取った。
6．青森商店から売掛代金として送金小切手￥80,000を受け取った。
7．山形株式会社から所有する株式の配当金領収証￥70,000が送付されてきた。
8．従業員の給料￥200,000を現金で支払った。
9．宮城商店から売掛金の回収として，郵便為替証書￥25,000を受け取った。
10．今月分の家賃￥60,000を現金で支払った。
11．仙台商店に商品￥280,000を売り渡し，代金のうち￥200,000は同店振り出しの小切手で受け取り，残額は掛けとした。
12．新潟商店より商品￥500,000を仕入れ，代金のうち￥200,000はさきに受け取っていた小切手で支払い，残額は掛けとした。

	借方科目	金　額	貸方科目	金　額
1				
2				
3				
4				
5				
6				
7				
8				
9				
10				
11				
12				

【解答】

	借方科目	金額	貸方科目	金額
1	通信費	2,000	現金	2,000
2	現金	150,000	売上	150,000
3	支払手数料	35,000	現金	35,000
4	仕入	100,000	現金	100,000
5	現金	55,000	売上	55,000
6	現金	80,000	売掛金	80,000
7	現金	70,000	受取配当金	70,000
8	給料	200,000	現金	200,000
9	現金	25,000	売掛金	25,000
10	支払家賃	60,000	現金	60,000
11	現金 売掛金	200,000 80,000	売上	280,000
12	仕入	500,000	現金 買掛金	200,000 300,000

2） 現金過不足

現金過不足とは，現金の帳簿上の残高と実際の有高が一致しないことをいう。その過不足額を示す一時的な勘定として「**現金過不足**」勘定を用いる。

- 現金不足額　　帳簿上の残高 ＞ 実際の有高
- 現金過剰額　　帳簿上の残高 ＜ 実際の有高

また，その原因を調査し，判明した場合には該当する勘定科目に振り替える。期中もしくは決算になっても現金過不足の原因が不明の場合は，「**雑益**」か「**雑損**」勘定で処理する。

―現金過不足に関する仕訳―
○現金不足額が判明したとき：帳簿＞実際
　　（現金過不足）　　×××　　（現　　金）　　×××
　　　　　　　　　　　　　　　　【資　産】
⇒現金を実際有高に合わせるため，貸方に「現金」（資産の減少）を記入。
調査して原因が判明したとき（原因は交通費）：
　　（交　通　費）　　×××　　（現金過不足）　　×××
　　【費　用】
調査しても原因が判明しないとき（原因不明）：
　　（雑　　損）　　×××　　（現金過不足）　　×××
　　【費　用】

⇒該当する科目（または「雑損」）に振替える。
○現金過剰額が判明したとき：帳簿＜実際
　　　（現　　　金）　　×××　　（現金過不足）　×××
　　　【資　　産】
⇒現金を実際有高に合わせるため，借方に「現金」（資産の増加）を記入。
調査して原因が判明したとき（原因は売掛金の回収）：
　　　（現金過不足）　　×××　　（売　掛　金）　×××
　　　　　　　　　　　　　　　　　【資　　産】
調査しても原因が判明しないとき（原因不明）：
　　　（現金過不足）　　×××　　（雑　　　益）　×××
　　　　　　　　　　　　　　　　　【収　　益】
⇒該当する科目（または「雑益」）に振り替える。

【例題】　次の取引の仕訳を示しなさい。

1．現金の帳簿上の残高は¥40,000であるが，実際有高は¥39,000であったので，帳簿残高を修正して原因を調べることにした。

借方科目	金額	貸方科目	金額

2．上記1．の原因を調査したところ，不足額のうち¥800は通信費の記入もれであることが判明した。

借方科目	金額	貸方科目	金額

3．上記1．の不足額のうち，残額は原因不明につき，雑損として処理した。

借方科目	金額	貸方科目	金額

4．現金の帳簿上の残高は¥50,000であるが，実際有高は¥52,000であったので，帳簿残高を修正して原因を調べることにした。

借方科目	金額	貸方科目	金額

5．上記4．の原因を調査したところ，過剰額のうち¥700は手数料を受け取った際の記入もれであることが判明した。

借方科目	金額	貸方科目	金額

6．上記4．の過剰額のうち，残額は原因不明につき，雑益として処理した。

借方科目	金　額	貸方科目	金　額

【解答】

1．（借）現金過不足　　1,000　　（貸）現　　　　金　　1,000
2．（借）通　信　費　　　800　　（貸）現金過不足　　　800
3．（借）雑　　　損　　　200　　（貸）現金過不足　　　200
4．（借）現　　　金　　2,000　　（貸）現金過不足　　2,000
5．（借）現金過不足　　　700　　（貸）受取手数料　　　700
6．（借）現金過不足　　1,300　　（貸）雑　　　益　　1,300

【問題】　次の取引の仕訳を示しなさい

1．① 現金の実際有高を調べたところ，帳簿残高より¥8,000少ないことが分かった。
　　② 上記の不足額の現金は，交通費の記帳漏れであることが分かった。
2．① 現金の実際有高を調べたところ，帳簿残高より¥17,000多いことが分かった。
　　② 上記の過剰額は受取手数料¥5,000の記入漏れと，電話料金¥12,000を現金で支払ったときの二重記帳であることが判明した。
3．現金の実際有高が帳簿残高より¥30,000不足していたので現金過不足勘定で処理しておいたが，その後原因を調べたところ，通信費の支払額¥10,000および手数料の受取額¥5,000が記入漏れであることが判明した。なお，残額は原因不明のため雑損として処理することにした。

	借方科目	金　額	貸方科目	金　額
1①				
②				
2①				
②				
3				

【解答】

	借方科目	金額	貸方科目	金額
1①	現金過不足	8,000	現　　　金	8,000
②	交　通　費	8,000	現金過不足	8,000
2①	現　　　金	17,000	現金過不足	17,000
②	現金過不足	17,000	受取手数料 通　信　費	5,000 12,000
3	通　信　費 雑　　　損	10,000 25,000	受取手数料 現金過不足	5,000 30,000

【解説】
2②電話料金は，二重記帳であるため，取り消す仕訳として貸方に「通信費」となる。

3) 当座預金

当座預金は，銀行との当座取引契約による無利息の預金で，預金の引き出しや代金の支払決済には**小切手**を用いる。商品代金の支払いなどのために，小切手に支払金額などを記入して，取引相手に渡すことを，小切手を振り出すという。その後，取引相手がその小切手を銀行に呈示することで，自分の当座預金から支払金額が引き落とされる。

―当座預金に関する仕訳―
当座預金に預け入れたとき：
　　　（当 座 預 金）　×××　　　（現　　　金）　×××
　　　【資　産】
小切手を振り出して当座預金から引き出したとき：
　　　（現　　　金）　×××　　　（当 座 預 金）　×××
　　　　　　　　　　　　　　　　　【資　産】

―小切手に関する仕訳―
小切手を振り出して商品代金を支払ったとき：
　　　（仕　　　入）　×××　　　（当 座 預 金）　×××
　　　【費　用】
⇒いずれ自分の当座預金から支払金額が引き落とされるため，貸方に「当座預金」
　（資産の減少）を記入。
商品代金として他人振り出しの小切手を受け取ったとき：
　　　（現　　　金）　×××　　　（売　　　上）　×××
　　　　　　　　　　　　　　　　　【収　益】
⇒他人振り出しの小切手を受け取ったときは，現金として扱う。

> 商品代金として以前当店が振り出した小切手を受け取ったとき：
> 　　　（当 座 預 金）　×××　　　（売　　　　上）　×××
> ⇒以前に当店（＝自分）が振出した小切手が戻ってきたので，借方に「当座預金」（資産の増加）を記入。

【例題】　次の取引の仕訳を示しなさい。

1．能代商店は，取引銀行と当座取引契約を結び，現金￥1,000,000を当座預金に預け入れた。

借方科目	金　額	貸方科目	金　額

2．蔵王商店は，小切手を振り出して現金￥200,000を引き出した。

借方科目	金　額	貸方科目	金　額

3．八戸商店に対する買掛金￥300,000を支払うため，同額の小切手を振り出して渡した。

借方科目	金　額	貸方科目	金　額

4．花巻商店に対する売掛金￥500,000を同店振り出しの小切手で受け取り，ただちに当座預金に預け入れた。

借方科目	金　額	貸方科目	金　額

5．平泉商店に対する売掛金￥300,000を同店振り出しの小切手で受け取った。

借方科目	金　額	貸方科目	金　額

6．横手商店に対する売掛金￥300,000を当店振り出しの小切手で受け取った。

借方科目	金　額	貸方科目	金　額

【解答】
1．（借）当 座 預 金　　1,000,000　　（貸）現　　　　　金　　1,000,000
2．（借）現　　　　　金　　　200,000　　（貸）当 座 預 金　　　200,000
3．（借）買　　掛　　金　　　300,000　　（貸）当 座 預 金　　　300,000
4．（借）当 座 預 金　　　500,000　　（貸）売　　掛　　金　　　500,000

5．（借）現　　　　　金　300,000　　（貸）売　掛　金　300,000
6．（借）当　座　預　金　300,000　　（貸）売　掛　金　300,000

【解説】
4．他人振り出しの小切手を受け取った場合は,「現金」として処理するが,ただちに,すなわち同日に当座預金に入金した場合は,「当座預金」として処理する。
5．この場合の同店とは,平泉商店を指し,他店である。

【問題】　次の取引の仕訳を示しなさい。

1．朝倉銀行と当座取引契約を結び,手許現金¥300,000を預け入れた。
2．香川商店へ商品¥16,000を売り渡し,代金は同店振り出しの小切手で受け取った。
3．得意先渡辺商店から売掛代金の¥70,000を同店振出しの小切手で受取り,ただちに当座預金へ預け入れた。
4．内田商店から商品¥12,000を仕入れ,代金は小切手を振り出して支払った。

	借方科目	金　額	貸方科目	金　額
1				
2				
3				
4				

【解答】

	借方科目	金　額	貸方科目	金　額
1	当　座　預　金	300,000	現　　　　金	300,000
2	現　　　　金	16,000	売　　　上	16,000
3	当　座　預　金	70,000	売　掛　金	70,000
4	仕　　　入	12,000	当　座　預　金	12,000

4）当座借越

　当座預金は代金決済に利用することが多いため,小切手の振り出し金額が自分の預金残高を超えて振り出してしまう可能性がある。そのため,取引銀行とはあらかじめ**当座借越契約**を結び,一定の借越限度額を決めておけば,小切手の振り出し金額が預金残高を超えた場合でも,その限度額までは銀行が貸し付けてくれるため,小切手の不渡りを回避することができる。

―当座預金の残高を超えた場合の仕訳―

当座預金の残高を超えて小切手を振り出したとき（借方は仕入とする）：

（仕　　　　　入）　×××　　　（当 座 預 金）　×××
　　　　　　　　　　　　　　　　【資　　産】
　　　　　　　　　　　　　　　　（当 座 借 越）　×××
　　　　　　　　　　　　　　　　【負　　債】

⇒預金残高を超えた部分は，「当座借越」勘定（負債）の貸方に記入。

当座借越残高がある場合に当座預金に入金があったとき（貸方は売上とする）：

（当 座 借 越）　×××　　　（売　　　　　上）　×××
（当 座 預 金）　×××　　　【収　　益】

⇒当座預金に入金があった場合は，まず「当座借越」勘定の残高を借方（負債の減少）に記入し，その残額が当座預金に入金（資産の増加）されることになる。

※　「当座預金」と「当座借越」を区分（二勘定制）せず，「当座」のみで処理する方法（一勘定制）もある。

【例題】　次の東北商店における一連の取引の仕訳を示しなさい。なお，5／31現在の東北商店の当座預金残高は¥500,000であり，取引銀行とは¥1,000,000を限度とする当座借越契約を結んでいる。

6／1　青森商店に対する買掛金¥390,000を小切手を振り出して支払った。

借方科目	金　額	貸方科目	金　額

　5　弘前商店から商品¥250,000を仕入れ，代金は小切手を振り出して支払った。

借方科目	金　額	貸方科目	金　額

　10　盛岡商店へ商品を¥300,000で売り渡し，代金のうち¥250,000は同店振り出しの小切手で受け取り，ただちに当座預金に預け入れ，残額は掛けとした。

借方科目	金　額	貸方科目	金　額

　15　広告料¥150,000を小切手を振り出して広告会社に支払った。

借方科目	金　額	貸方科目	金　額

25　盛岡商店から売掛金の一部¥200,000が当社の当座預金口座に振り込まれた旨の連絡を受けた。

借方科目	金　額	貸方科目	金　額

【解答】

```
6/1 （借）買　　掛　　金     390,000   （貸）当　座　預　金   390,000
  5 （借）仕　　　　　入     250,000   （貸）当　座　預　金   110,000
                                         当　座　借　越   140,000
 10 （借）当　座　借　越     140,000   （貸）売　　　　　上   300,000
       当　座　預　金     110,000
       売　　掛　　金      50,000
 15 （借）広　　告　　料     150,000   （貸）当　座　預　金   110,000
                                         当　座　借　越    40,000
 25 （借）当　座　借　越      40,000   （貸）売　　掛　　金   200,000
       当　座　預　金     160,000
```

【問題】　次の取引の仕訳を示しなさい。

1．本日の当座預金残高は、¥150,000であるが、商品を仕入れたときに¥270,000の小切手を振り出した（当社は銀行との間に借越限度額¥1,000,000の当座借越契約を結んでいる）。
2．上記の翌日に、現金¥200,000を当座預金口座に預け入れた。
3．仕入先群馬商店の買掛金¥95,000を小切手を振り出して支払った。なお、当座預金残高は¥20,000であった。
4．得意先栃木商店の売掛金¥100,000を小切手で受け取り、ただちに当座預金に預け入れた。なお、当座借越の残高が¥35,000ある。
5．次の一連の取引の仕訳を行いなさい。なお、取引銀行とは借越限度額¥500,000の当座借越契約を結んでおり、現在の当座預金残高は¥30,000である。
　①　茨木商店から商品¥40,000を仕入れ、代金は小切手を振り出して支払った。
　②　商品¥90,000を売り渡し、代金は同店振り出しの小切手で回収し、ただちに当座預金に預け入れた。

	借方科目	金額	貸方科目	金額
1				
2				
3				
4				
5①				
②				

【解答】

	借方科目	金額	貸方科目	金額
1	仕　　　　入	270,000	当　座　預　金 当　座　借　越	150,000 120,000
2	当　座　借　越 当　座　預　金	120,000 80,000	現　　　　金	200,000
3	買　　掛　　金	95,000	当　座　預　金 当　座　借　越	20,000 75,000
4	当　座　借　越 当　座　預　金	35,000 65,000	売　　掛　　金	100,000
5①	仕　　　　入	40,000	当　座　預　金 当　座　借　越	30,000 10,000
②	当　座　借　越 当　座　預　金	10,000 80,000	売　　　　上	90,000

5）その他の預金

その他の預金として、普通預金や定期預金がある。**普通預金**とは、預け入れや引き出しが、カードなどで自由に行うことができる預金である。**定期預金**とは、預け入れや引き出しが、自由に行うことができず、一定期間固定された預金で、普通預金よりも利率が高い。

―普通預金や定期預金に関する仕訳―
普通預金に現金を預け入れたとき：
　　（普　通　預　金）　×××　　（現　　　　金）　×××
　　【資　　産】　　　　　　　　　【資　　産】

```
普通預金から現金を引き出したとき：
    （現      金）    ×××     （普 通 預 金）    ×××
普通預金から定期預金に預け替えをおこなったとき：
    （定 期 預 金）    ×××     （普 通 預 金）    ×××
    【資      産】
```

【例題】 次の取引の仕訳を示しなさい。

月末になり，当座預金から普通預金に¥100,000の預け替えをおこなった。

借方科目	金　額	貸方科目	金　額

【解答】
　　　　（借）普 通 預 金　　100,000　　（貸）当 座 預 金　　100,000

6）小口現金

　会計係は，少額の経費（例えば消耗品の購入や交通費など）を支払うため，用度係にあらかじめ一定の現金を用意しておくことが多い。この少額の支払いのために用意された現金を**小口現金**という。この運用には**定額資金前渡法**（インプレスト・システム）が採用されることが多い。

【例題】 次の取引の仕訳を示しなさい。

7／1　定額資金前渡法を採用している山形商店の会計係は，小切手¥50,000を振り出して用度係に現金を渡した。

借方科目	金　額	貸方科目	金　額

　　5　週末になり，会計係は用度係から次の支払いの報告を受けた。
　　　通信費　¥16,000　　交通費　¥10,000　　消耗品費　¥18,000　　雑費　¥3,000

借方科目	金　額	貸方科目	金　額

7 会計係は，資金の補給を小切手を振り出しておこなった。

借方科目	金額	貸方科目	金額

※ 7/5 週末に会計係は用度係から次の支払い報告を受けるとともに，ただちに小切手を振り出して資金の補給をおこなった場合の仕訳。

借方科目	金額	貸方科目	金額

【解答】

7/1 （借）小 口 現 金 50,000 （貸）当 座 預 金 50,000
　5 （借）通　信　費 16,000 （貸）小 口 現 金 47,000
　　　　交　通　費 10,000
　　　　消 耗 品 費 18,000
　　　　雑　　　費 3,000
　7 （借）小 口 現 金 47,000 （貸）当 座 預 金 47,000
※5 （借）通　信　費 16,000 （貸）当 座 預 金 47,000
　　　　交　通　費 10,000
　　　　消 耗 品 費 18,000
　　　　雑　　　費 3,000

【問題】 次の取引の仕訳を示しなさい。

5/1 定額資金前渡制を採用して，小払の資金として小切手￥250,000を振り出して用度係に渡した。
 31 用度係から5月中の支払いについて次のような報告があったので，ただちに小切手を振り出して補給した。
　　通 信 費 ￥58,000　　旅費交通費 ￥110,000　　水道光熱費 ￥30,000
　　雑　　費 ￥2,000

	借方科目	金額	貸方科目	金額
5/1				
31				

【解答】

	借方科目	金　額	貸方科目	金　額
5／1	小　口　現　金	250,000	当　座　預　金	250,000
31	通　信　費 旅　費　交　通　費 水　道　光　熱　費 雑　　　　　費	58,000 110,000 30,000 2,000	当　座　預　金	200,000

7) 小口現金出納帳

小口現金出納帳とは，小口現金の受け入れや支払いの明細を記録するための帳簿である。なお，資金の補給は**週末に行うケース**と**週初めに行うケース**がある。

【例題】　次の資料の取引を小口現金出納帳に記入して締め切りなさい。なお，この商店は定額資金前渡法により，毎週金曜日の終業時にその週の支払いを報告し，資金の補給を受けている。

<資料>　7／24　　コピー用紙代　　￥3,900
　　　　　　25　　携帯電話代　　　￥6,400
　　　　　　26　　お　茶　代　　　￥2,400
　　　　　　27　　タクシー代　　　￥　740
　　　　　　28　　切手・はがき代　￥1,000

小　口　現　金　出　納　帳

受　入	平成×年		摘　　要	支　払	内　訳				残　高
					通信費	交通費	消耗品費	雑　費	
20,000	7	24	前週繰越						20,000
			合　　　計						
		28	本　日　補　給						
	〃		次　週　繰　越						
	7	31	前週繰越						

【解答】

小口現金出納帳

受入	平成×年		摘要	支払	通信費	交通費	消耗品費	雑費	残高
20,000	7	24	前週繰越						20,000
		〃	コピー用紙代	3,900			3,900		16,100
		25	携帯電話代	6,400	6,400				9,700
		26	お茶代	2,400				2,400	7,300
		27	タクシー代	740		740			6,560
		28	切手・はがき代	1,000	1,000				5,560
			合計	14,440	7,400	740	3,900	2,400	
14,440		28	本日補給						20,000
		〃	次週繰越	20,000					
34,440				34,440					
20,000	7	31	前週繰越						20,000

2 商品売買取引

1) 仕 入

　商品を仕入れた場合には，「**仕入**」勘定（費用）で処理する。商品を仕入れる際には，引取運賃，関税，仲介手数料等の仕入れに要する費用がかかり，これらを**仕入付随費用**（仕入諸掛）という。商品を仕入れる際には，これらの仕入付随費用を負担しなければ当該商品を仕入れることはできないので，付随費用を仕入れた商品の価格に含めて処理する。

―仕入に関する仕訳―
商品を仕入れたとき（後でお金を払う場合）：
　　　（仕　　入）　×××　　（買　掛　金）　×××
　　　【費　用】　　　　　　【負　債】
仕入付随費用を現金で支払って商品を仕入れたとき（商品代金は後で払う）：
　　　（仕　　入）　×××　　（買　掛　金）　×××
　　　　　　　　　　　　　（現　　金）　×××
⇒引取運賃などの仕入付随費用があるときは，「仕入」の金額に加えて処理する。
掛で仕入れた商品の値引きや返品をしたとき：
　　　（買　掛　金）　×××　　（仕　　入）　×××
⇒商品を仕入れたときの反対仕訳をすることで，打ち消しを行う。

【例題】 次の取引の仕訳を示しなさい。

1．仙台商店から商品￥150,000を仕入れ，代金は掛けとした。

借方科目	金　額	貸方科目	金　額

2．仙台商店から仕入れた上記商品について，￥1,000の値引きを受けた。

借方科目	金　額	貸方科目	金　額

3．石巻商店から商品￥250,000を仕入れ，代金は掛けとした。なお，引取運賃￥5,000は現金で支払った。

借方科目	金　額	貸方科目	金　額

4．上記の石巻商店から仕入れた商品のうち，￥10,000は品違いのため返品した。

借方科目	金　額	貸方科目	金　額

【解答】

1．（借）仕　　　　入　　　150,000　　（貸）買　　掛　　金　　150,000
2．（借）買　　掛　　金　　　　1,000　　（貸）仕　　　　入　　　　1,000
3．（借）仕　　　　入　　　255,000　　（貸）買　　掛　　金　　250,000
　　　　　　　　　　　　　　　　　　　　　　現　　　　金　　　　5,000
4．（借）買　　掛　　金　　　10,000　　（貸）仕　　　　入　　　10,000

【問題】 次の取引の仕訳を示しなさい。

1．草津商店から商品￥300,000を仕入れ，代金は掛けとした。
2．草津商店から仕入れた上記商品について，￥5,000の値引きを受けた。
3．石川商店から商品￥150,000を仕入れ，代金は掛けとした。なお，引取運賃￥2,000は現金で支払った。
4．石川商店から仕入れた商品のうち，￥20,000は品違いのため返品した。
5．渡辺商店から商品￥480,000を仕入れ，￥180,000は現金で支払い，残額は掛けとした。
6．上記の渡辺商店から仕入れた商品のうち，￥1,000の値引きを受けた。

	借方科目	金　　額	貸方科目	金　　額
1				
2				
3				
4				
5				
6				

【解答】

	借方科目	金　　額	貸方科目	金　　額
1	仕　　　入	300,000	買　掛　金	300,000
2	買　掛　金	5,000	仕　　　入	5,000
3	仕　　　入	152,000	買　掛　金 現　　　金	150,000 2,000
4	買　掛　金	20,000	仕　　　入	20,000
5	仕　　　入	480,000	買　掛　金 現　　　金	300,000 180,000
6	買　掛　金	1,000	仕　　　入	1,000

2）売　　上

　商品を売り上げた場合は，「売上」勘定（収益）で処理する。商品を売り上げた際に支払った発送費は，売上負担か買主負担かで会計処理が異なる。また，買主負担の場合も，立替金として処理するか売掛金に含めて処理する方法がある。

―売上に関する仕訳―

商品を売り上げたとき（後でお金をもらう）：
　　（売　掛　金）　　×××　　（売　　　　上）　　×××
　　【資　産】　　　　　　　　　【収　益】

発送費を現金で支払って掛で商品を売り上げたとき（発送費は当店（売主）負担）：
　　（売　掛　金）　　×××　　（売　　　　上）　　×××
　　（発　送　費）　　×××　　（現　　　　金）　　×××
　　【費　用】

⇒売主負担の発送費があるときは,「発送費」勘定を設けて別に処理する。

発送費を現金で支払って掛で商品を売り上げたとき（発送費は先方（買主）負担）:
　　　（売　掛　金）　　×××　　　（売　　　　上）　×××
　　　　　　　　　　　　　　　　　　（現　　　　金）　×××

発送費を現金で支払って掛で商品を売り上げたとき（発送費は先方（買主）負担）:「立替金」勘定使用
　　　（売　掛　金）　　×××　　　（売　　　　上）　×××
　　　（立　替　金）　　×××　　　（現　　　　金）　×××

⇒買主負担の発送費があるときは，後で回収する売掛金にその金額を加えて処理するか，または立替金で処理する。

掛で売り上げた商品の値引きや返品をしたとき:
　　　（売　　　　上）　×××　　　（売　掛　金）　×××

⇒商品を売り上げたときの反対仕訳をすることで，打ち消しが行われる。

【例題】 次の取引の仕訳を示しなさい。

1．松島商店へ商品￥380,000を売り渡し，代金は掛けとした。

借方科目	金　額	貸方科目	金　額

2．松島商店へ売り渡した商品のうち，￥30,000が品違いのため返品された。

借方科目	金　額	貸方科目	金　額

3．古川商店へ商品￥400,000を売り渡し，代金のうち￥300,000は同店振り出しの小切手で受け取り，残額は掛けとした。なお，発送費￥20,000は現金で支払った。

借方科目	金　額	貸方科目	金　額

4．宮城商店へ商品￥200,000を売り渡し，代金は掛けとした。なお，先方負担である発送費￥20,000を現金で支払った。ただし，この発送費は売掛金に含めて回収することとした。

借方科目	金　額	貸方科目	金　額

5．上記2．の松島商店へ売り渡した商品に一部汚損があったため，¥8,000の値引きをおこなった。

借 方 科 目	金　　額	貸 方 科 目	金　　額

【解答】

1．（借）売　掛　金　　380,000　　（貸）売　　　　上　　380,000
2．（借）売　　　　上　　 30,000　　（貸）売　掛　金　　 30,000
3．（借）現　　　　金　　300,000　　（貸）売　　　　上　　400,000
　　　　売　掛　金　　100,000　　　　 現　　　　金　　 20,000
　　　　発　送　費　　 20,000
4．（借）売　掛　金　　220,000　　（貸）売　　　　上　　200,000
　　　　　　　　　　　　　　　　　　　 現　　　　金　　 20,000
5．（借）売　　　　上　　 8,000　　（貸）売　掛　金　　 8,000

【問題】　次の取引の仕訳を示しなさい。

1．群馬商店へ商品¥780,000を売り渡し，代金は掛けとした。
2．上記の群馬商店へ売り渡した商品のうち，¥80,000が品違いのため返品された。
3．関東商店へ商品¥600,000を売り渡し，代金のうち¥200,000は同店振り出しの小切手で受け取り，残額は掛けとした。なお，発送費¥50,000は現金で支払った。
4．九州商店へ商品¥400,000を売り渡し，代金は掛けとした。なお，先方負担である発送費¥10,000を現金で支払った。ただし，この発送費は売掛金に含めて回収することとした。
5．上記4．の九州商店へ売り渡した商品に一部汚損があったため，¥2,000の値引きをおこなった。

	借 方 科 目	金　　額	貸 方 科 目	金　　額
1				
2				
3				
4				
5				

【解答】

	借方科目	金額	貸方科目	金額
1	売　掛　金	780,000	売　　　上	780,000
2	売　　　上	80,000	売　掛　金	80,000
3	現　　　金 売　掛　金 発　送　費	200,000 400,000 50,000	売　　　上 現　　　金	600,000 50,000
4	売　掛　金	410,000	売　　　上 現　　　金	400,000 10,000
5	売　　　上	2,000	売　掛　金	2,000

3）商品有高帳

商品有高帳とは，商品の**受け入れ**，**払い出し**および**残高**の明細を記録する帳簿で，在庫管理に有用である。商品ごとに帳簿を作成し，受け入れ，払い出し，残高をそれぞれ原価で記入していく。同じ商品でも，仕入れの時期や数量で単価が異なることがあるため，売上時に払い出した単価は，**先入先出法**と**移動平均法**等を用いて単価を決定する。

先入先出法とは，先に受け入れた商品から先に払い出すとみなして払出単価を決定する方法である。

移動平均法とは，異なる単価の商品を仕入れるつど，在庫の商品の平均単価を計算し，その金額を払出単価とする方法である。

【例題】　次の山形商事における7月中のA商品の受入・払出は次のとおりであった。よって，先入先出法および移動平均法により商品有高帳に記入し，締め切りなさい。また，それぞれの場合の売上高，売上原価，売上総利益を求めなさい。

7／1	前月繰越	10個	＠¥80
6	米沢商店へ売り上げ	5個	＠¥120
13	酒田商店から仕入れ	20個	＠¥90
15	鶴岡商店へ売り上げ	10個	＠¥130
20	新庄商店から仕入れ	10個	＠¥93
28	最上商店へ売り上げ	20個	＠¥140

商品有高帳
(先入先出法)　　　A 商品

日付	摘要	受入			払出			残高		
		数量	単価	金額	数量	単価	金額	数量	単価	金額

売　上　高　¥　　　　　　　売上原価　¥　　　　　　　売上総利益　¥

商品有高帳
(移動平均法)　　　A 商品

日付	摘要	受入			払出			残高		
		数量	単価	金額	数量	単価	金額	数量	単価	金額

売　上　高　¥　　　　　　　売上原価　¥　　　　　　　売上総利益　¥

【解答】

商 品 有 高 帳
（先入先出法）　　　　　A　商　品

日付		摘 要	受 入			払 出			残 高		
			数量	単価	金額	数量	単価	金額	数量	単価	金額
7	1	前月繰越	10	80	800				10	80	800
	6	売　　上				5	80	400	5	80	400
	13	仕　　入	20	90	1,800				5	80	400
									20	90	1,800
	15	売　　上				5	80	400			
						5	90	450	15	90	1,350
	20	仕　　入	10	93	930				15	90	1,350
									10	93	930
	28	売　　上				15	90	1,350			
						5	93	465	5	93	465
	31	次月繰越				5	93	465			
			40		3,530	40		3,530			
8	1	前月繰越	5	93	465				5	93	465

売 上 高　¥4,700　　　売 上 原 価　¥3,065　　　売上総利益　¥1,635

商 品 有 高 帳
（移動平均法）　　　　　A　商　品

日付		摘 要	受 入			払 出			残 高		
			数量	単価	金額	数量	単価	金額	数量	単価	金額
7	1	前月繰越	10	80	800				10	80	800
	6	売　　上				5	80	400	5	80	400
	13	仕　　入	20	90	1,800				25	88	2,200
	15	売　　上				10	88	880	15	88	1,320
	20	仕　　入	10	93	930				25	90	2,250
	28	売　　上				20	90	1,800	5	90	450
	31	次月繰越				5	90	450			
			40		3,530	40		3,530			
8	1	前月繰越	5	90	450				5	90	450

売 上 高　¥4,700　　　売 上 原 価　¥3,080　　　売上総利益　¥1,620

【解説】
(先入先出法)

7／15　@80円の商品を先に払い出す（5コ）。残りの5コは@90円の商品を払い出す。
　　　　したがって，残高は@90円の商品が15コとなる。

　　売上高＝(@120円×5コ)＋(@130円×10コ)＋(@140円×20コ)＝¥4,700
　　売上原価＝払出欄の金額の合計＝¥400＋¥400＋¥450＋¥1,350＋¥465＝¥3,065
　　売上総利益＝売上高－売上原価＝¥4,700－¥3,065＝¥1,635

(移動平均法)

7／13　(400円＋1,800円)÷(5コ＋20コ)＝@88円
7／20　(1,320円＋930円)÷(15コ＋10コ)＝@90円

　　売上高は，(先入先出法)と同じ。
　　売上原価＝払出欄の金額の合計＝¥400＋¥880＋¥1,800＋¥450＝¥3,080
　　売上総利益＝売上高－売上原価＝¥4,700－¥3,080＝¥1,620

3　掛　取　引

---売掛金の回収と買掛金の支払いに関する仕訳---
売掛金を回収したとき（当座預金に入金）：
　　　（当　座　預　金）　×××　　　（売　　掛　　金）　×××
買掛金を支払ったとき（小切手で支払い）：
　　　（買　　掛　　金）　×××　　　（当　座　預　金）　×××

---掛取引に関する帳簿の説明---
・売掛金元帳（得意先元帳）……得意先ごとの売掛金の明細を表す帳簿であり，総勘定元帳の売掛金勘定を補助する帳簿である。
・買掛金元帳（仕入先元帳）……仕入先ごとの買掛金の明細を表す帳簿であり，総勘定元帳の買掛金元帳を補助する帳簿である。

【例題】　次の取引の仕訳を示し，売掛金勘定・買掛金勘定に転記するとともに，売掛金元帳（得意先元帳）・買掛金（仕入先元帳）の記入を行い，締め切りなさい。

7／2　福島商店より商品¥300,000を仕入れ，代金は掛けとした。なお，引取運賃¥3,000は現金で支払った。

借方科目	金　額	貸方科目	金　額

5 福島商店より仕入れた商品に品違いがあったため、商品￥20,000を返品した。

借 方 科 目	金 額	貸 方 科 目	金 額

9 会津商店に商品￥400,000を売り渡し、代金は掛けとした。なお、当店負担の発送費￥5,000は小切手を振り出して支払った。

借 方 科 目	金 額	貸 方 科 目	金 額

10 会津商店に売り渡した商品に一部汚損があったため、￥10,000の値引きを行った。

借 方 科 目	金 額	貸 方 科 目	金 額

15 会津商店より売掛金の一部￥250,000を同店振り出しの小切手で受け取った。

借 方 科 目	金 額	貸 方 科 目	金 額

25 福島商店へ買掛金の一部￥200,000を小切手を振り出して支払った。

借 方 科 目	金 額	貸 方 科 目	金 額

```
         売 掛 金                              買 掛 金
7/1 前期繰越  200,000              |           7/1 前期繰越  150,000
```

売掛金元帳
会津商店

日付		摘 要	借方	貸方	借/貸	残高
7	1	前月繰越	200,000		借	200,000

買掛金元帳
福島商店

日付		摘 要	借方	貸方	借/貸	残高
7	1	前月繰越		150,000	貸	150,000

【解答】

7／2	(借)	仕	入	303,000	(貸)	買　掛　金		300,000
						現　　　金		3,000
5	(借)	買　掛　金		20,000	(貸)	仕	入	20,000

9	（借）	売	掛	金	400,000	（貸）	売	上	400,000
		発	送	費	5,000		当 座 預 金		5,000
10	（借）	売		上	10,000	（貸）	売	掛 金	10,000
15	（借）	現		金	250,000	（貸）	売	掛 金	250,000
25	（借）	買	掛	金	200,000	（貸）	当 座 預 金		200,000

売 掛 金

7/1 前期繰越	200,000	7/10 売　　上	10,000
9 売　　上	400,000	15 現　　金	250,000

買 掛 金

7/1 仕　　入	20,000	7/1 前期繰越	150,000
25 当座預金	200,000	2 仕　　入	300,000

売掛金元帳
会 津 商 店

日付		摘　要	借方	貸方	借／貸	残高
7	1	前月繰越	200,000		借	200,000
	9	売り上げ	400,000		〃	600,000
	10	値引き		10,000	〃	590,000
	15	回　収		250,000	〃	340,000
	31	次月繰越		340,000		
			600,000	600,000		

買掛金元帳
福 島 商 店

日付		摘　要	借方	貸方	借／貸	残高
7	1	前月繰越		150,000	貸	150,000
	2	仕 入 れ		300,000	〃	450,000
	5	返　品	20,000		〃	430,000
	25	支 払 い	200,000		〃	230,000
	31	次月繰越	230,000			
			450,000	450,000		

【問題】　次の取引の仕訳を示しなさい。

1．四国商店より商品¥400,000を仕入れ，代金は掛けとした。なお，引取運賃¥5,000は現金で支払った。
2．福岡商店に商品¥800,000を売り渡し，代金は掛けとした。なお，当店負担の発送費¥2,000は小切手を振り出して支払った。
3．佐賀商店へ買掛金の一部¥300,000を小切手を振り出して支払った。
4．江頭商店より売掛金の一部¥750,000を同店振り出しの小切手で受け取った

	借 方 科 目	金　　額	貸 方 科 目	金　　額
1				
2				
3				
4				

【解答】

	借 方 科 目	金 額	貸 方 科 目	金 額
1	仕　　　　　入	405,000	買　　掛　　金 現　　　　　金	400,000 5,000
2	売　　掛　　金 発　　送　　費	800,000 2,000	売　　　　　上 当　座　預　金	800,000 2,000
3	買　　掛　　金	300,000	当　座　預　金	300,000
4	現　　　　　金	750,000	売　　掛　　金	750,000

4　手形取引

1）約束手形

手形とは，手形の作成者（振出人）が，名宛人（受取人）に対して，一定の期日に，手形金額の支払いを約束した証券である。手形には，商品代金の決済に使用される約束手形と為替手形があり，各手形には必要事項（支払約束の文句，金額，支払期日，支払地など）が記入され，署名または記名，押印されて相手に渡される。

支払期日には，手形の振出人の当座預金から手形金額が支払われ，手形の受取人には，手形金額が当座預金に入金されて，手形の債権・債務が消滅する。これを手形の決済という。

―約束手形の用語説明―
- **振出人（支払人）**……手形に必要事項を記入し，取引相手に対して手形を渡す当事者。手形の作成者であり，手形金額の債務を負う者。
- **名宛人（受取人）**……取引相手から，必要事項が記入された手形を受け取る者であり，手形金額の債権を有する者。

―手形に関する仕訳(1)―
○受取人の仕訳
手形を受け取ったとき（商品を売り上げた場合）：
　　　（受 取 手 形）　　×××　　　（売　　　　上）　×××
　　　【資　　産】
手形が決済されたとき：
　　　（当 座 預 金）　　×××　　　（受 取 手 形）　×××

⇒受取人は，手形の受け取りにより手形債権が発生するので，手形金額を「受取手形」勘定（資産）で処理し，その後，決済されれば手形金額の入金により，手形債権が消滅する。

○振出人の仕訳
手形を振り出したとき（商品を仕入れた場合）：
　　　（仕　　　　入）　×××　　　（支　払　手　形）　×××
　　　　　　　　　　　　　　　　　　【負　　　　債】
手形代金を支払ったとき：
　　　（支　払　手　形）　×××　　　（当　座　預　金）　×××

⇒振出人（支払人）は，手形の振り出しにより，手形債務が発生するので，手形金額を「支払手形」勘定（負債）で処理し，その後，手形金額の支払いにより，手形債務が消滅する。

【例題】　次の取引の仕訳を示しなさい。

1．茨城商店より商品￥300,000を仕入れ，代金は同店あての約束手形を振り出して支払った。

借方科目	金　額	貸方科目	金　額

2．水戸商店に対する売掛金￥200,000を，同店振り出し，当店あての約束手形で受け取った。

借方科目	金　額	貸方科目	金　額

3．さきに茨城商店あてに振り出した約束手形￥300,000が本日満期となり，当店の当座預金から支払ったむねの連絡を受けた。

借方科目	金　額	貸方科目	金　額

4．かねて取引銀行に取り立てを依頼していた水戸商店振り出し，当店受け取りの約束手形￥200,000が本日満期につき，当座預金に入金した旨の連絡を受けた。

借方科目	金　額	貸方科目	金　額

【解答】
1．（借）仕　　　　入　　300,000　　（貸）支　払　手　形　　300,000
2．（借）受　取　手　形　　200,000　　（貸）売　　掛　　金　　200,000
3．（借）支　払　手　形　　300,000　　（貸）当　座　預　金　　300,000
4．（借）当　座　預　金　　200,000　　（貸）受　取　手　形　　200,000

【問題】 次の取引の仕訳を示しなさい。

1．宮崎商店より商品￥500,000を仕入れ，代金は同店あての約束手形を振り出して支払った。
2．熊本商店に対する売掛金￥700,000を，同店振り出し，当店あての約束手形で受け取った。
3．さきに宮崎商店あてに振り出した約束手形￥500,000が本日満期となり，当店の当座預金から支払ったむねの連絡を受けた。
4．かねて取引銀行に取り立てを依頼していた熊本商店振り出し，当店受け取りの約束手形￥700,000が本日満期につき，当座預金に入金した旨の連絡を受けた。
5．鹿児島商店より商品￥850,000を仕入れ，代金は同店あての約束手形￥50,000を振り出して支払い，残額は掛けとした。
6．長崎商店に商品￥90,000を売り上げ，同店振り出し，当店あての約束手形￥20,000を受け取り，残額は小切手で受け取った。

	借方科目	金額	貸方科目	金額
1				
2				
3				
4				
5				
6				

【解答】

	借方科目	金額	貸方科目	金額
1	仕　　　　入	500,000	支　払　手　形	500,000
2	受　取　手　形	700,000	売　掛　金	700,000
3	支　払　手　形	500,000	当　座　預　金	500,000
4	当　座　預　金	700,000	受　取　手　形	700,000
5	仕　　　　入	850,000	支　払　手　形 買　掛　金	50,000 800,000
6	受　取　手　形 現　　　　金	20,000 70,000	売　　　　上	90,000

2）裏書と割引

　手形を受け取った場合，満期日まで待って決済するほか，満期日前に**裏書譲渡**したり，取引銀行で**割引**することもできる。**裏書譲渡**とは，受け入れた手形を，支払期日前に他人に譲り渡すことをいう。手形の**割引**とは，資金の融通を受けるために，支払期日前に，取引銀行で買い取ってもらうことをいう。その際，割引日から満期日までの期間に相当する利息額（割引料）を手形金額から差し引かれ，手取金を受け取る。この場合の割引料の仕訳は，「**手形売却損**」勘定を使用する。

【例題】　次の取引の仕訳を示しなさい。

1．鹿島商店から商品¥350,000を仕入れ，代金のうち¥300,000は，土浦商店振り出し，当店あての約束手形を裏書譲渡し，残額は掛けとした。

借方科目	金　額	貸方科目	金　額

2．筑波商店から売掛金の一部¥200,000を，古河商店振り出し，筑波商店受け取りの約束手形を裏書のうえ譲り受けた。

借方科目	金　額	貸方科目	金　額

3．さきに土浦商店から受け取っていた，同店振り出し，当店あての約束手形¥300,000を取引銀行で割引き，割引料¥3,000を差し引かれ，手取金は当座預金とした。

借方科目	金　額	貸方科目	金　額

【解答】
1. （借）仕　　　　入　　350,000　　（貸）受 取 手 形　　300,000
　　　　　　　　　　　　　　　　　　　　　買　掛　金　　 50,000
2. （借）受 取 手 形　　200,000　　（貸）売　掛　金　　200,000
3. （借）当 座 預 金　　297,000　　（貸）受 取 手 形　　300,000
　　　　手 形 売 却 損　　3,000

【問題】次の取引の仕訳を示しなさい。

1. 大分商店から商品¥450,000を仕入れ，代金のうち¥200,000は，福岡商店振り出し，当店あての約束手形を裏書譲渡し，残額は掛けとした。
2. 糸島商店から売掛金の一部¥100,000を，香椎商店振り出し，姪浜商店受け取りの約束手形を裏書のうえ譲り受けた。
3. さきに広島商店から受け取っていた，同店振り出し，当店あての約束手形¥500,000を取引銀行で割引き，割引料¥5,000を差し引かれ，手取金は当座預金とした。

	借方科目	金　額	貸方科目	金　額
1				
2				
3				

【解答】

	借方科目	金　額	貸方科目	金　額
1	仕　　　　入	450,000	受 取 手 形 買　掛　金	200,000 250,000
2	受 取 手 形	100,000	売　掛　金	100,000
3	当 座 預 金 手 形 売 却 損	495,000 5,000	受 取 手 形	500,000

5　その他の債権・債務

1）貸付金・借入金

貸付金とは，取引先や従業員などに貸し付けた金銭をいう。お金を貸し付けた場合，あとで金銭を返してもらう権利＝債権が生じるので，貸付けた側は「**貸付金**」という資産の勘定で処理をする。

一方，**借入金**とは，銀行や取引先などから借り受けた金銭をいう。あとで金銭を返す義

務＝債務が生じるので，借りた側は「借入金」という負債の勘定で処理をする。

```
―貸付金の仕訳―
貸付時（現金で貸し付けた）：
    （貸 付 金）    ×××    （現     金）    ×××
    【資 産】
返済時（現金で返済を受けた）：
    （現     金）    ×××    （貸 付 金）    ×××
                            （受 取 利 息）  ×××
                            【収 益】
―借入金の仕訳―
借入時（現金を借りた）：
    （現     金）    ×××    （借 入 金）    ×××
                            【負 債】
返済時（現金で返済した）：
    （借 入 金）    ×××    （現     金）    ×××
    （支 払 利 息）  ×××
    【費 用】
```

【例題】 以下の取引の仕訳をしなさい。

1．浅草商店は，川崎商店に対して現金¥50,000を貸し付けた。

借 方 科 目	金　　額	貸 方 科 目	金　　額

2．上記の川崎商店より利息¥2,000とともに現金で返済を受けた。

借 方 科 目	金　　額	貸 方 科 目	金　　額

3．塩川商店は，田中商店から現金¥80,000を借り入れた。

借 方 科 目	金　　額	貸 方 科 目	金　　額

4．上記の田中商店に借入金とともに利息¥3,000を小切手で支払った。

借 方 科 目	金　　額	貸 方 科 目	金　　額

【解答】

1.	(借)	貸付金	50,000	(貸)	現金		50,000
2.	(借)	現金	52,000	(貸)	貸付金		50,000
					受取利息		2,000
3.	(借)	現金	80,000	(貸)	借入金		80,000
4.	(借)	借入金	80,000	(貸)	当座預金		83,000
		支払利息	3,000				

【問題】 次の取引の仕訳を示しなさい。

1．水野商店は，横浜商店に対して現金¥70,000を貸し付けた。
2．上記の横浜商店より利息¥4,000とともに現金で返済を受けた。
3．久保田商店は，大阪商店から現金¥20,000を借り入れた。
4．上記の久保田商店に借入金とともに利息¥1,000を小切手で支払った。
5．大崎上島商店に対して期間9か月，利率年3.5％で貸し付けた貸付金¥1,000,000を満期日に利息とともに同店振出の小切手で返済を受けた。

	借方科目	金額	貸方科目	金額
1				
2				
3				
4				
5				

【解答】

	借方科目	金額	貸方科目	金額
1	貸付金	70,000	現金	70,000
2	現金	74,000	貸付金 受取利息	70,000 4,000
3	現金	20,000	借入金	20,000
4	借入金 支払利息	20,000 1,000	当座預金	21,000
5	現金	1,026,250	貸付金 受取利息	1,000,000 26,250

【解説】

5．受取利息の計算：貸付金1,000,000×3.5%×$\frac{9}{12}$＝26,250円

2） 手形貸付金・手形借入金

　手形貸付金・手形借入金とは，金銭の貸付けや借入れにあたり，上記1）のように借用証書を用いずに**手形を用いる方法によった場合の貸付金・借入金**をいう。手形により金銭を貸付けた場合は「**手形貸付金**」，手形により金銭を借入れた場合には「**手形借入金**」という勘定科目を用いて処理をする。

　借用証書ではなく手形を用いると，以下のようなメリットがある。

① 返済期日になったら銀行間で自動的に決済される。
② 期日に返済しないと不渡りを出してしまうことになるため強制力がある。
③ 手形は流通可能である。

　なお，「手形貸付金」・「手形借入金」の場合，手形の額面金額から利息分を差し引いた分の金銭の授受を行うことが多い。また，返済時の手形代金決済は当座預金口座を通じて行われる。

```
―手形貸付金の仕訳―
  貸付時（現金を貸し付けた）：
     （手 形 貸 付 金）  ×××    （現      金）  ×××
     【資     産】           （受 取 利 息）  ×××
                              【収     益】
  返済時（現金で返済を受けた）：
     （現      金）  ×××    （手 形 貸 付 金）  ×××
```

```
―手形借入金の仕訳―
  借入時（現金を借り入れた）：
     （現      金）  ×××    （手 形 借 入 金）  ×××
                              【負     債】
     （支 払 利 息）  ×××
     【費     用】
  返済時（小切手で返済した）：
     （手 形 借 入 金）  ×××    （当 座 預 金）  ×××
```

【例題】　以下の取引の仕訳をしなさい。

1．水島商店は，金沢商店に対して¥100,000を貸し付けた。なお，借用証書のかわりに金沢商店振出の約束手形を受け取り，受取利息¥2,000を差し引いて現金で貸し付けた。

借方科目	金　額	貸方科目	金　額

2．上記の金沢商店より小切手で返済を受けた。

借方科目	金　額	貸方科目	金　額

3．浅井商店は，小湊商店から¥60,000を借り入れた。なお，借用証書のかわりに浅井商店振出の約束手形を渡し，支払利息¥4,000を差し引かれて現金で受け取った。

借方科目	金　額	貸方科目	金　額

4．上記の商店は借入金を現金で返済した。

借方科目	金　額	貸方科目	金　額

5．鎌倉商店は神奈川銀行より，約束手形を振出して¥80,000を借り入れ，利息を差し引かれた手取金を当座預金とした。なお，借入期間は60日，利率は7.3%である。

借方科目	金　額	貸方科目	金　額

6．鳴門商店から国債を担保として¥2,000,000を約束手形を振出して借入れ，利息を差し引かれた手取り金を当座預金に預け入れた。なお，借入期間は73日，利率は年8％である。

借方科目	金　額	貸方科目	金　額

【解答】

1．(借) 手 形 貸 付 金　100,000　　(貸) 現　　　　金　98,000
　　　　　　　　　　　　　　　　　　　　受 取 利 息　2,000
2．(借) 現　　　　金　100,000　　(貸) 手 形 貸 付 金　100,000
3．(借) 現　　　　金　56,000　　(貸) 手 形 借 入 金　60,000
　　　　支 払 利 息　4,000
4．(借) 手 形 借 入 金　60,000　　(貸) 現　　　　金　60,000
5．(借) 当 座 預 金　79,040　　(貸) 手 形 借 入 金　80,000
　　　　支 払 利 息　960

6．（借）当 座 預 金　1,968,000　　　（貸）手 形 借 入 金　2,000,000
　　　　支 払 利 息　　　32,000

【解説】

5．支払利息の計算：手形借入金80,000円×7.3%×$\frac{60}{365}$＝960円

6．支払利息の計算　手形借入金2,000,000円×8%×$\frac{73}{365}$＝32,000円

【問題】　次の取引の仕訳を示しなさい。

1．大崎商店は，豊洲商店に対して¥200,000を貸し付けた。なお，借用証書のかわりに豊洲商店振出の約束手形を受け取り，受取利息¥5,000を差し引しいて現金で貸し付けた。
2．上記の豊洲商店より小切手で返済を受けた。
3．愛媛商店は，徳島商店から¥50,000を借り入れた。なお，借用証書のかわりに愛媛商店振出の約束手形を渡し，支払利息¥4,000を差し引かれて現金で受け取った。
4．上記の愛媛商店に対する借入金の返済を小切手を振り出しておこなった。
5．山口商店は伊藤銀行より，約束手形を振出して¥400,000を借り入れ，利息を差し引かれた手取金を当座預金とした。なお，借入期間は60日，利率は7.3%である。
6．木上商店から国債を担保として¥8,000,000を約束手形を振り出して借入れ，利息を差し引かれた手取り金を当座預金に預け入れた。なお，借入期間は73日，利率は年4%である。

	借 方 科 目	金　　額	貸 方 科 目	金　　額
1				
2				
3				
4				
5				
6				

【解答】

	借方科目	金額	貸方科目	金額
1	手形貸付金	200,000	現　　　　　金 受　取　利　息	195,000 5,000
2	現　　　　　金	200,000	手形貸付金	200,000
3	現　　　　　金 支　払　利　息	46,000 4,000	手形借入金	50,000
4	手形借入金	50,000	当座預金	50,000
5	当座預金 支　払　利　息	395,200 4,800	手形借入金	400,000
6	当座預金 支　払　利　息	7,936,000 64,000	手形借入金	8,000,000

3）未収入金・未払金

未収入金とは，土地・建物・備品など**商品以外**のものを売った場合に後日代金を受け取ることとした債権をいう。**未払金**とは，**商品以外**のものを買った場合に後日代金を支払うこととした債務をいう。

商品の売買取引で，代金は後日入金される場合または後日支払う場合に用いた勘定は「売掛金」や「買掛金」であったことを確認しよう。

しかし簿記では**商品売買取引**（＝**本来の営業取引**）による**債権債務**と，**その他の取引**（＝**本来の営業取引以外**）による**債権債務を区別する**ために，商品以外のものの売買を行い代金は後日決済するとした場合には，「売掛金」ではなく「**未収入金**」という資産の勘定を，「買掛金」ではなく「**未払金**」という負債の勘定を用いる。

```
―未収入金の仕訳―
売却時（備品売却の場合）：
    （未 収 入 金）  × × ×    （備       品）  × × ×
    【資    産】
代金回収時（現金で回収した場合）：
    （現       金）  × × ×    （未 収 入 金）  × × ×

―未払金の仕訳―
購入時（備品購入の場合）：
    （備       品）  × × ×    （未  払  金）  × × ×
                              【負    債】
代金支払時（現金で支払った場合）：
    （未  払  金）  × × ×    （現       金）  × × ×
```

【例題】 次の取引の仕訳を示しなさい。

1．不要となった備品を古賀商店に¥75,000で売却し，代金は月末に受取ることにした。

借方科目	金　額	貸方科目	金　額

2．月末になり，上記の未収代金を古賀商店振出の小切手で回収した。

借方科目	金　額	貸方科目	金　額

3．トラック¥3,000,000を購入し，代金のうち¥1,000,000は小切手を振り出して支払い，残額は翌月末に支払うことにした。

借方科目	金　額	貸方科目	金　額

4．翌月末になり，上記の未払代金を現金で支払った。

借方科目	金　額	貸方科目	金　額

5．事務用の消耗品¥3,000を購入した。購入先は，いつも取引を行っている店であるため，代金は月末決済としている。

借方科目	金　額	貸方科目	金　額

6．今月17日に，水道の具合が悪いために修理店へ修理を依頼した。本日，その請求書¥15,000が送付されてきた。なお，代金は来月の20日に支払うこととした。

借方科目	金　額	貸方科目	金　額

【解答】

1．(借) 未 収 入 金　　75,000　　(貸) 備　　　　品　　75,000
2．(借) 現　　　　金　　75,000　　(貸) 未 収 入 金　　75,000
3．(借) 車 両 運 搬 具　3,000,000　(貸) 当 座 預 金　1,000,000
　　　　　　　　　　　　　　　　　　　未 払 金　　2,000,000
4．(借) 未 払 金　　2,000,000　　(貸) 現　　　　金　2,000,000
5．(借) 消 耗 品 費　　3,000　　(貸) 未 払 金　　3,000
6．(借) 修 繕 費　　15,000　　(貸) 未 払 金　　15,000

【問題】 次の取引の仕訳を示しなさい。

1．不要となった備品を荒木商店に¥60,000で売却し，代金は月末に受取ることにした。
2．月末になり，上記の未収代金を荒木商店振出の小切手で回収し，ただちに当座預金に預け入れた。
3．トラック¥5,000,000を購入し，代金のうち¥1,000,000は小切手を振り出して支払い，残額は翌月末に支払うことにした。
4．翌月末になり，上記の未払代金を小切手を振り出して支払った。
5．事務用の消耗品¥2,700を購入した。購入先は，いつも取引を行っている店であるため，代金は月末決済としている。
6．今月3日に，電気の具合が悪いために修理店へ修理を依頼した。本日，その請求書¥12,000が送付されてきた。なお，代金は来月の30日に支払うこととした。

	借方科目	金額	貸方科目	金額
1				
2				
3				
4				
5				

【解答】

	借方科目	金額	貸方科目	金額
1	未 収 入 金	60,000	備 品	60,000
2	当 座 預 金	60,000	未 収 入 金	60,000
3	車 両 運 搬 具	5,000,000	当 座 預 金 未 払 金	1,000,000 4,000,000
4	未 払 金	4,000,000	当 座 預 金	4,000,000
5	消 耗 品 費	2,700	未 払 金	2,700
6	修 繕 費	12,000	未 払 金	12,000

4） 仮払金・仮受金

仮払金とは，現金預金の支払いがあったものの，その理由が分からないときや金額がはっきりしない場合に用いる勘定である。**仮受金**とは，現金預金の受け取りがあったものの，その理由が分からないときや金額がはっきりしない場合に用いる勘定である。「**仮払金**」や「**仮受金**」勘定は仮勘定といい，その内容や金額が明らかになるまでの一時的な勘定である。

```
―仮払金の仕訳―
支払時（現金で支払った場合）：
    （仮 払 金）    ×××      （現         金）    ×××
内容・金額等確定時（旅費と確定した）：
    （旅 費 交 通 費）  ×××   （仮 払 金）      ×××

―仮受金の仕訳―
受取時（現金で受け取った場合）：
    （現         金）    ×××      （仮 受 金）    ×××
内容・金額等確定時（売掛金の回収である）：
    （仮 受 金）    ×××      （売 掛 金）    ×××
```

【例題】 次の取引の仕訳を示しなさい。

1．従業員の出張にあたり，旅費として概算額¥95,000を現金で渡した。

借 方 科 目	金 額	貸 方 科 目	金 額

2．従業員が出張から戻り，仮払額¥95,000を精算し，旅費の不足額¥5,000を現金で支払った。

借 方 科 目	金 額	貸 方 科 目	金 額

3．出張中の従業員から¥88,000の入金が当座預金にあったが，その内容が不明であった。

借 方 科 目	金 額	貸 方 科 目	金 額

4．従業員が出張から戻り，仮受金¥88,000は得意先加茂商店に対する売掛金回収額であることが判明した。

借 方 科 目	金 額	貸 方 科 目	金 額

【解答】

```
1．（借）仮  払  金      95,000   （貸）現         金     95,000
2．（借）旅 費 交 通 費   100,000   （貸）仮  払  金      95,000
                                      現         金      5,000
3．（借）当  座  預  金    88,000   （貸）仮  受  金     88,000
4．（借）仮  受  金       88,000   （貸）売  掛  金     88,000
```

【問題】 次の取引の仕訳を示しなさい。

1．従業員の出張にあたり，旅費として概算額¥70,000を現金で渡した。
2．従業員が出張から戻り，仮払額¥70,000を精算し，旅費の不足額¥8,000を現金で支払った。
3．出張中の従業員から¥50,000の入金が当座預金にあったが，その内容が不明であった。
4．従業員が出張から戻り，仮受金¥50,000は得意先石川商店に対する売掛金回収額であることが判明した。

	借方科目	金額	貸方科目	金額
1				
2				
3				
4				

【解答】

	借方科目	金額	貸方科目	金額
1	仮払金	70,000	現金	70,000
2	旅費交通費	78,000	仮払金 現金	70,000 8,000
3	当座預金	50,000	仮受金	50,000
4	仮受金	50,000	売掛金	50,000

5）立替金・預り金

立替金とは，取引先が負担する運賃を代わりに支払ったり，従業員に給料を前貸ししたりなど，立替払いをした金銭をいう。

預り金とは，事業主や会社が一時的に預かった金銭をいう。たとえば，会社では従業員等の給料から，源泉所得税や社会保険料，住民税等を天引きして従業員に支給する。この天引きされたお金は，あとで会社が税務署等に納めるために預かっているお金であり，「預り金」という負債の勘定で処理する。

---立替金の仕訳---
立替時（現金で支払った）：
　　　（立　替　金）　×××　　（現　　　金）　×××
　　　【資　産】

第2章　諸取引の仕訳

```
回収時（現金で回収した）：
    （現    金）    ×××      （立  替  金）    ×××

―預り金の仕訳―
預かり時（給料支払の場合）：
    （給    料）    ×××      （預  り  金）    ×××
                              【負  債】
                              （現    金）    ×××
預り金支払時：
    （預  り  金）  ×××      （現    金）    ×××
```

【解説】

「預り金」については，細かく「従業員預り金」「所得税預り金」「社会保険料預り金」とする場合もある。

【例題】 次の取引の仕訳を示しなさい。

1．従業員A子さんに給料の前貸しとして，現金¥80,000を渡した。

借 方 科 目	金 額	貸 方 科 目	金 額

2．当月分の給料¥250,000の支給に際し，上記で前貸しした分と所得税の源泉徴収額¥30,000を差し引いて，手取り額を現金で支給した。

借 方 科 目	金 額	貸 方 科 目	金 額

3．従業員から預かった所得税の源泉徴収額¥30,000を現金で納付した。

借 方 科 目	金 額	貸 方 科 目	金 額

【解答】

```
1．（借）立    替    金    80,000     （貸）現          金     80,000
2．（借）給         料   250,000     （貸）立    替    金     80,000
                                        預    り    金     30,000
                                        現          金    140,000
3．（借）預    り    金    30,000     （貸）現          金     30,000
```

【問題】 次の取引の仕訳を示しなさい。

1．従業員A子さんに給料の前貸しとして，現金¥60,000を渡した。
2．当月分の給料¥200,000の支給に際し，上記で前貸しした分と所得税の源泉徴収額¥10,000を差し引いて，手取り額を現金で支給した。
3．従業員から預かった所得税の源泉徴収額¥10,000を現金で納付した。

	借方科目	金額	貸方科目	金額
1				
2				
3				

【解答】

	借方科目	金額	貸方科目	金額
1	立替金	60,000	現金	60,000
2	給料	200,000	立替金 預り金 現金	60,000 10,000 130,000
3	預り金	10,000	現金	10,000

6) 前払金・前受金

前払金とは，商品を仕入れるにあたり先に支払う内金または手付金をいい，**前受金**とは，商品を販売するにあたり先に受け取る内金または手付金をいう。

内金を受け取った時点や支払った時点では，現金の授受はあるものの，まだ商品を引き渡したり受け取ったりという取引は行われていない。

したがって，まだ売上げや仕入れは発生していないため，内金を受け取った場合，あとで商品を引き渡す義務を負うことになるので，「**前受金**」という負債の勘定で処理する。一方，内金を支払った場合，あとで商品を受け取る権利を持つことになるので，「**前払金**」という資産の勘定で処理する。

―前払金の仕訳―
内金支払い時（現金で支払った場合）：
　　（前払金）　×××　　（現金）　×××
　　【資産】

第2章　諸取引の仕訳

商品受け取り時（現金で支払った場合）：
　　　（仕　　　　入）　×××　　（前　払　金）　×××
　　　　　　　　　　　　　　　　（現　　　　金）　×××

—前受金の仕訳—
内金受取り時（現金で受け取った場合）：
　　　（現　　　　金）　×××　　（前　受　金）　×××
商品引き渡し時（現金で受け取った場合）：
　　　（前　受　金）　×××　　（売　　　　上）　×××
　　　（現　　　　金）　×××

【例題】　以下の取引の仕訳をしなさい。

1．内田商店と商品￥1,000,000の仕入契約を結び，手付金として￥200,000を現金で支払った。

借方科目	金　額	貸方科目	金　額

2．かねて内田商店に注文しておいた商品￥1,000,000を受け取り，代金のうち￥200,000は注文するときに支払った手付金と相殺し，残額は現金で支払った。

借方科目	金　額	貸方科目	金　額

3．北海商事にかねて注文していた商品￥350,000を引き取り，注文時に支払った手付金￥50,000を差し引き，残額は小切手を振り出して支払った。

借方科目	金　額	貸方科目	金　額

4．横山商店と商品￥270,000の販売契約を結び，内金として￥40,000を現金で受け取った。

借方科目	金　額	貸方科目	金　額

5．かねて横山商店から注文を受けていた商品￥300,000を売り渡し，代金のうち￥40,000は注文するときに受け取った内金と相殺し，残額は現金で受け取った。

借方科目	金　　額	貸方科目	金　　額

6．千葉商店へ，かねて注文を受けていた商品¥400,000を売り上げ，代金のうち¥100,000は注文時に受け取った手付金と相殺し，¥100,000は現金で受け取り，残額は掛けとした。

借方科目	金　　額	貸方科目	金　　額

【解答】
1．（借）前　払　金　　200,000　　（貸）現　　　　金　　200,000
2．（借）仕　　　入　　1,000,000　（貸）前　払　金　　200,000
　　　　　　　　　　　　　　　　　　　　現　　　　金　　800,000
3．（借）仕　　　入　　350,000　　（貸）前　払　金　　50,000
　　　　　　　　　　　　　　　　　　　　当　座　預　金　300,000
4．（借）現　　　　金　　40,000　　（貸）前　受　金　　40,000
5．（借）前　受　金　　40,000　　（貸）売　　　　上　　300,000
　　　　現　　　　金　　260,000
6．（借）前　受　金　　100,000　　（貸）売　　　　上　　400,000
　　　　現　　　　金　　100,000
　　　　売　掛　金　　200,000

【問題】　次の取引の仕訳を示しなさい。

1．内田商店と商品¥600,000の仕入契約を結び，手付金として¥400,000を現金で支払った。
2．かねて内田商店に注文しておいた商品¥600,000を受け取り，代金のうち¥400,000は注文するときに支払った手付金と相殺し，残額は現金で支払った。
3．北海商事にかねて注文していた商品¥200,000円を引き取り，注文時に支払った手付金¥50,000を差し引き，残額は小切手を振り出して支払った。
4．横山商店と商品¥500,000の販売契約を結び，内金として¥20,000を現金で受け取った。
5．かねて横山商店から注文を受けていた商品¥500,000を売り渡し，代金のうち¥20,000は注文するときに受け取った内金と相殺し，残額は現金で受け取った。
6．千葉商店へ，かねて注文を受けていた商品¥450,000を売り上げ，代金のうち¥50,000は注文時に受け取った手付金と相殺し，¥100,000は現金で受け取り，残額は掛けとし

た。

	借方科目	金　額	貸方科目	金　額
1				
2				
3				
4				
5				
6				

【解答】

	借方科目	金　額	貸方科目	金　額
1	前　払　　　金	400,000	現　　　　　金	400,000
2	仕　　　　　入	600,000	前　払　　　金 現　　　　　金	400,000 200,000
3	仕　　　　　入	200,000	前　払　　　金 当　座　預　金	50,000 150,000
4	現　　　　　金	20,000	前　受　　　金	20,000
5	前　受　　　金 現　　　　　金	20,000 480,000	売　　　　　上	500,000
6	前　受　　　金 現　　　　　金 売　掛　　　金	50,000 100,000 300,000	売　　　　　上	450,000

7） 商品券と他店商品券

商品券とは，あとで商品を引き渡す義務をいう。お店は商品券を発行すると，その商品券の代金を受け取るが，これは「商品券」の販売であり，商品の売上げとは異なるものである。商品券を発行するということは，あとで券面額相当の商品を引き渡す義務が生じるということなので，商品券を発行したときは，「**商品券**」という負債の勘定を用いて処理をする。

そして，実際に商品を販売し，その代金として当店発行の商品券を受け取ったときに，「売上」を計上するとともに，「商品券」という負債を減額する。

一方，**他店商品券**とは，あとでそれと引き換えに金銭を受け取る権利をいう。商品を販売した際，代金として他店商品券を受け取ることがあるが，上記「商品券」とは異なり，当社は発行時に金銭を受け取っていないため，金銭はその他店商品券を発行した会社から受け取ることとなる。

　したがって，商品を売上げ，代金として他店発行の商品券を受け取った場合は，「**他店商品券**」という資産の勘定を用い，当店発行の商品券とは区別する。

```
―商品券の仕訳―
　商品券発行時（現金で受け取った場合）：
　　（現　　　　金）×××　　（商　品　券）×××
　　　　　　　　　　　　　　　【負　　債】
　商品販売時：
　　（商　品　券）×××　　（売　　　　上）×××
―他店商品券の仕訳―
　商品販売時：
　　（他 店 商 品 券）×××　　（売　　　　上）×××
　　【資　　産】
　精算時（現金で清算した場合）：
　　（現　　　　金）×××　　（他 店 商 品 券）×××
　　または
　　（商　品　券）×××　　（他 店 商 品 券）×××
　※ 当店発行の商品券と交換することにより精算する場合
```

【例題】　以下の取引の仕訳をしなさい。

1．商品券¥200,000円を発行し，代金は現金で受け取った。

借方科目	金　額	貸方科目	金　額

2．商品¥50,000を売り上げ，代金のうち¥30,000は当店発行の商品券で受け取り，残額は現金で受け取った。

借方科目	金　額	貸方科目	金　額

3．横浜商店は商品¥80,000を販売し，代金は横浜商店発行の商品券¥50,000と他店発行の商品券¥30,000で受け取った。

借方科目	金　　額	貸方科目	金　　額

4．商品券の精算をし，当店が保有している他店商品券￥80,000と，他店が保有している自店商品券￥65,000を交換し，差額を現金で受け取った。

借方科目	金　　額	貸方科目	金　　額

【解答】

1．（借）現　　　　　金　200,000　　（貸）商　品　券　200,000
2．（借）商　品　券　　 30,000　　（貸）売　　　上　 50,000
　　　　現　　　　　金　 20,000
3．（借）商　品　券　　 50,000　　（貸）売　　　上　 80,000
　　　　他 店 商 品 券　 30,000
4．（借）商　品　券　　 65,000　　（貸）他 店 商 品 券　 80,000
　　　　現　　　　　金　 15,000

【問題】　次の取引の仕訳を示しなさい。

1．商品券￥100,000を発行し，代金は現金で受け取った。
2．商品￥80,000を売り上げ，代金のうち￥30,000は当店発行の商品券で受け取り，残額は現金で受け取った。
3．神奈川商店は商品￥100,000を販売し，代金は神奈川商店発行の商品券￥60,000と他店発行の商品券￥40,000で受け取った。
4．商品券の精算をし，当店が保有している他店商品券￥40,000と，他店が保有している自店商品券￥15,000を交換し，差額を現金で受け取った。

	借方科目	金　　額	貸方科目	金　　額
1				
2				
3				
4				

【解答】

	借方科目	金　額	貸方科目	金　額
1	現　　　　　金	100,000	商　品　券	100,000
2	商　品　　　券 現　　　　　金	30,000 50,000	売　　　　上	80,000
3	商　品　　　券 他　店　商　品　券	60,000 40,000	売　　　　上	100,000
4	商　品　　　券 現　　　　　金	15,000 25,000	他　店　商　品　券	40,000

8）有 価 証 券

有価証券とは，株式，社債・国債・地方債（3つあわせて公社債という）をいう。株式と社債は株式会社が，国債は国，地方債は地方公共団体がお金を調達するために発行するものである。

有価証券の売買や保有は，時価の変動により利益を得る，配当金や利息を受け取る，株式の保有により企業を支配するなど，様々な目的のために行われる。

① 購　　入

有価証券を購入する場合，その有価証券自体の購入代価に加え，証券会社に対する手数料などの**付随費用**が発生する。この付随費用も有価証券の取得原価と考え，「**有価証券**」という資産の勘定科目で処理する。

> 取得原価＝有価証券の購入代価＋付随費用
> 　　　　　　（本体価額）　　　（売買手数料など）

《株式の購入代価》
　株式は1株，2株と数え，1株あたりの単価に購入株数を掛けて購入代価を計算する。
《公社債の購入代価》
　公社債は1口，2口と数え，1口あたりの単価に購入口数を掛けて購入代価を計算する。
　なお，公社債の購入口数が不明な場合，額面総額を100円で割って求める。（額面とは券面に記載されている金額をいい，購入単価とは異なる）

② 売　　却

所有する有価証券を売却すると，儲けあるいは損が発生する。なぜなら，有価証券には**時価**というものがあり，帳簿に記載されている金額（帳簿価額という）と売却する金額は同じではないためである。

帳簿価額より高い金額で売却すれば儲けが発生し，帳簿価額より低い金額で売却すれば損が発生する。簿記では，売却による儲けを「**有価証券売却益**」という収益として，損を

「**有価証券売却損**」という費用として処理を行う。

```
―有価証券売却の仕訳―
  購入時（現金で支払った）：
    （有　価　証　券）　×××　　（現　　　　　金）　×××
    【資　　　産】
  売却時（帳簿価額＜売却価額）（現金で受け取った）：
    （現　　　　　金）　×××　　（有　価　証　券）　×××
                                （有価証券売却益）　×××
  売却時（帳簿価額＞売却価額）（現金で受け取った）：
    （現　　　　　金）　×××　　（有　価　証　券）　×××
    （有価証券売却損）　×××
```

【例題】　以下の取引の仕訳をしなさい。

1．北海商事株式会社の株式を1株あたり¥500で5,000株購入し，代金は手数料¥30,000とともに小切手を振出して支払った。

借方科目	金　額	貸方科目	金　額

2．株式会社ＯＮＥ発行の社債（額面金額¥200,000）を額面100円につき97.5円で買い入れ，代金は購入手数料¥5,000とともに現金で支払った。

借方科目	金　額	貸方科目	金　額

3．かねて1株あたり¥500で購入したＱ株式会社の株式1,000株を，1株につき¥520で売却し，代金は小切手で受け取った。

借方科目	金　額	貸方科目	金　額

4．かねて額面100円につき90円で購入したＡＢＣ商事株式会社の社債¥10,000（額面総額）を，額面100円につき95円で売却し，代金は現金で受け取った。

借方科目	金　額	貸方科目	金　額

5．かねて1株あたり¥300で購入したB株式会社の株式1,000株のうち500株を，1株につき¥290で売却し，代金は小切手で受取りただちに当座預金に預け入れた。

借方科目	金　額	貸方科目	金　額

【解答】

1．（借）有　価　証　券　　2,530,000　　（貸）当　座　預　金　　2,530,000
2．（借）有　価　証　券　　　200,000　　（貸）現　　　　　　金　　　200,000
3．（借）現　　　　　　金　　　520,000　　（貸）有　価　証　券　　　500,000
　　　　　　　　　　　　　　　　　　　　　　　　有価証券売却益　　　　20,000
4．（借）現　　　　　　金　　　　9,500　　（貸）有　価　証　券　　　　9,000
　　　　　　　　　　　　　　　　　　　　　　　　有価証券売却益　　　　　　500
5．（借）当　座　預　金　　　145,000　　（貸）有　価　証　券　　　150,000
　　　　有価証券売却損　　　　5,000

【解説】

2．購入口数＝額面総額200,000円÷@100円＝2000口
　　取得原価＝@97.5円×2000口＋5,000円
　　社債は通常は額面より低い価格で発行されるので，額面＝取得原価とはならない。

【問題】　次の取引の仕訳を示しなさい。

1．久留米商事株式会社の株式を1株あたり¥400で1,000株購入し，代金は手数料¥10,000とともに小切手を振出して支払った。
2．株式会社ｔｗｏ発行の社債（額面金額¥2,000,000）を額面100円につき98円で買い入れ，代金は購入手数料¥3,000とともに現金で支払った。
3．かねて1株あたり¥500で購入したQ株式会社の株式1,000株を，1株につき¥480で売却し，代金は小切手で受け取った。
4．かねて額面100円につき95円で購入した王子商事株式会社の社債¥10,000（額面総額）を，¥9,200で売却し，代金は現金で受け取った。
5．かねて1株あたり¥300で購入したB株式会社の株式1,000株のうち500株を，1株につき¥310で売却し，代金は小切手で受取りただちに当座預金に預け入れた。

	借方科目	金　額	貸方科目	金　額
1				
2				

第2章　諸取引の仕訳

3				
4				
5				

【解答】

	借方科目	金額	貸方科目	金額
1	有価証券	410,000	当座預金	410,000
2	有価証券	1,963,000	現金	1,963,000
3	現金 有価証券売却損	480,000 20,000	有価証券	500,000
4	現金 有価証券売却損	9,200 300	有価証券	9,500
5	当座預金	155,000	有価証券 有価証券売却益	150,000 5,000

6 有形固定資産

1) 有形固定資産とは

有形固定資産とは，会社が1年以上の長期にわたって使用する資産のうち形のあるもので，土地，建物（店舗・倉庫・事務所など），備品（パソコン・応接セット・複合機・陳列棚など），および車両運搬具などをいう。

2) 購入時の処理

有形固定資産を購入したときは，「**土地**」，「**建物**」，「**備品**」，「**車両運搬具**」といった勘定を用いて処理する。また，これらの資産を購入し使用できるようになるまでにかかった仲介手数料，登記費用，購入手数料，送料，設置費用等の付随費用は，有形固定資産の取得原価に含める。

> 有形固定資産の取得原価＝購入代価＋付随費用
>   　　　　　　　　　　（本体価額）（仲介手数料，設置費用など）

―有形固定資産の仕訳―
購入時（建物購入，現金払い）：
　　　（建　　物）　×××　　　（現　　金）　×××

【例題】 以下の取引の仕訳をしなさい。

1．倉庫用建物￥700,000を購入し，仲介手数料￥50,000とともに小切手を振出して支払った。

借方科目	金　額	貸方科目	金　額

2．営業用のトラック￥300,000を購入し，代金は現金で支払った。

借方科目	金　額	貸方科目	金　額

3．事務所の複合機￥500,000を購入し，引取運賃￥5,000とともに現金で支払った。

借方科目	金　額	貸方科目	金　額

4．店舗建設用の土地￥1,000,000を購入し，仲介手数料￥100,000，登記料￥10,000，整地費用￥40,000とともに小切手を振り出して支払った。

借方科目	金　額	貸方科目	金　額

【解答】
1．(借) 建　　　　物　　750,000　　(貸) 当　座　預　金　　750,000
2．(借) 車 両 運 搬 具　　300,000　　(貸) 現　　　　　　金　　300,000
3．(借) 備　　　　品　　505,000　　(貸) 現　　　　　　金　　505,000
4．(借) 土　　　　地　1,150,000　　(貸) 当　座　預　金　1,150,000

【問題】 次の取引の仕訳を示しなさい。

1．倉庫用建物￥950,000を購入し，仲介手数料￥50,000とともに小切手を振出して支払った
2．営業用のトラック￥400,000を購入し，代金は現金で支払った。
3．事務所の複合機￥700,000を購入し，引取運賃￥10,000とともに現金で支払った。
4．店舗建設用の土地￥2,000,000を購入し，仲介手数料￥200,000，登記料￥10,000，整地費用￥50,000とともに小切手を振り出して支払った。
5．営業用の中古車を￥200,000で購入し，代金は来月に支払うこととした。

	借方科目	金額	貸方科目	金額
1				
2				
3				
4				
5				

【解答】

	借方科目	金額	貸方科目	金額
1	建物	1,000,000	当座預金	1,000,000
2	車両運搬具	400,000	現金	400,000
3	備品	710,000	現金	710,000
4	土地	2,260,000	当座預金	2,260,000
5	車両運搬具	200,000	未払金	200,000

7 個人企業の資本

1）資本金

資本金とは，事業主が営業を始めるために投入した元手のことである。個人企業では，資本の増加・減少を「**資本金**」勘定で処理する。

資本が増加する内容としては，開業時の出資（元入れ），営業拡張のために行う追加出資や，当期純利益（会計期間中の営業活動の結果としての正味財産の増加分）があり，これらは「資本金」勘定の**貸方**に記入される（第1章8．2）を参照）。

―資本の仕訳(1)―
出資時（現金で出資した）：
　　（現　　　金）　×××　　（資　本　金）　×××
利益計上時（決算振替仕訳）：
　　（損　　　益）　×××　　（資　本　金）　×××

資本が減少する内容としては，事業主が私用のために店の現金や商品を持ち出したり，家計費を店から支払った場合の引出しや，当期純損失（会計期間中の営業活動の結果としての正味財産の減少）があり，これらは「資本金」勘定の**借方**に記入される。

―資本の仕訳(2)―
引出時（現金で引き出した）（減資の場合）：
　　　（資　本　金）　×××　　　（現　　　金）　×××
損失計上時（決算振替仕訳）：
　　　（資　本　金）　×××　　　（損　　　益）　×××

2）引出金

引出金とは，事業主が店の財産を私的に消費した額をさす。

個人企業では，家計と店が明確に区別されていないケースも多い。事業主による引出しがたびたび行われる場合，「資本金」勘定とは別に「引出金」勘定（資本金を評価する勘定）を設け，引出額をその借方に記入する方法がとられる。「引出金」勘定の残高は，決算時に「資本金」勘定に振替えられる。

―資本の仕訳(3)―
引出時（現金で引き出した）：
　　　（引　出　金）　×××　　　（現　　　金）　×××
決算時：
　　　（資　本　金）　×××　　　（引　出　金）　×××

【例題】　以下の取引の仕訳をしなさい。なお，引出しには「引出金」勘定を用いること。

1．現金￥2,000,000と備品￥1,000,000を出資して開業した。

借　方　科　目	金　　額	貸　方　科　目	金　　額

2．事業主が私用のため，現金￥30,000と商品￥20,000を持ち出した。

借　方　科　目	金　　額	貸　方　科　目	金　　額

3．店舗兼住宅の水道料金￥28,000を現金で支払った。ただし，店舗と家計の負担割合は3：1である。

借　方　科　目	金　　額	貸　方　科　目	金　　額

4．決算にあたり，引出金勘定の残高￥57,000を資本金勘定に振替える。

借　方　科　目	金　　額	貸　方　科　目	金　　額

5．当期純利益￥120,000を損益勘定から資本金勘定に振替える。

借方科目	金　額	貸方科目	金　額

6．当期純損失￥100,000を損益勘定から資本金勘定に振替える。

借方科目	金　額	貸方科目	金　額

【解答】

1．（借）現　　　　金　2,000,000　（貸）資　本　金　3,000,000
　　　　　備　　　　品　1,000,000
2．（借）引　出　金　　　50,000　（貸）現　　　金　　　30,000
　　　　　　　　　　　　　　　　　　　　仕　　　入　　　20,000
3．（借）水道光熱費　　　21,000　（貸）現　　　金　　　28,000
　　　　　引　出　金　　　7,000
4．（借）資　本　金　　　57,000　（貸）引　出　金　　　57,000
5．（借）損　　　益　　　120,000　（貸）資　本　金　　　120,000
6．（借）資　本　金　　　100,000　（貸）損　　　益　　　100,000

【問題】次の取引の仕訳を示しなさい。

1．現金￥3,000,000と土地￥5,000,000を出資して開業した。
2．事業主が私用のため，現金￥50,000と商品￥10,000を持ち出した。
3．店舗兼住宅のための家賃￥300,000を現金で支払った。ただし，店舗と家計の負担割合は4：1である。
4．決算にあたり，引出金勘定の残高￥77,000を資本金勘定に振替える。
5．当期純利益￥150,000を損益勘定から資本金勘定に振替える。
6．当期純損失￥200,000を損益勘定から資本金勘定に振替える。

	借方科目	金　額	貸方科目	金　額
1				
2				
3				
4				

5				
6				

【解答】

	借方科目	金　額	貸方科目	金　額
1	現　　　　金 土　　　　地	3,000,000 5,000,000	資　本　金	8,000,000
2	引　出　金	60,000	現　　　　金 仕　　　　入	50,000 10,000
3	支　払　家　賃 引　出　金	240,000 60,000	現　　　　金	300,000
4	資　本　金	77,000	引　出　金	77,000
5	損　　　　益	150,000	資　本　金	150,000
6	資　本　金	200,000	損　　　　益	200,000

8　伝　　票

伝票とは，一定の形式にしたがって，取引内容が記入できるようになっている紙片をいう。

企業の取引を現金収支の観点から分類し，それぞれ入金伝票，出金伝票，振替伝票の3種類の伝票に記入する制度を3伝票制という。

```
入金取引があったとき：取引内容を入金伝票に記入
    （現　　　金）　×××　　─────────　×××
出金取引があったとき：取引内容を出金伝票に記入。
    ─────────　×××　（現　　　金）　×××
現金収支を伴わない取引があったとき：取引内容を振替伝票に記入。
    ─────────　×××　─────────　×××
```

―振替伝票に関する説明―

振替伝票での特徴的な起票方法として次の①と②がある。
① 現金取引と振替取引に分けて起票する方法。
② 「仕入」「売上」に関する取引をいったん全額掛け取引とする方法。
例）商品¥10,000を仕入れ，代金のうち¥3,000は現金で支払い，残額は掛けとした。
　　　　（仕　　　入）　10,000　　（現　　　金）　3,000
　　　　　　　　　　　　　　　　　（買　掛　金）　7,000

第2章　諸取引の仕訳　107

①の方法：
(仕　　　　入)　3,000　　(現　　　　金)　3,000
(仕　　　　入)　7,000　　(買　　掛　　金)　7,000

②の方法：
(仕　　　　入)　10,000　(買　　掛　　金)　10,000
(買　　掛　　金)　3,000　(現　　　　金)　3,000

【例題】

1．次の群馬商店の平成×年9月中の取引を下記の略式伝票（3伝票）に記入しなさい。
   9月10日　郵便局から収入印紙￥3,000を現金で購入した（No..30）
   　　18日　前橋商事から事務用机￥150,000を購入し，代金は月末払いとした（No.15）
   　　25日　小切手を振り出して，高崎銀行から現金￥100,000を引き出した（No.18）

2．次の利根商店の取引をいったん掛けとする方法にて伝票に記入しなさい。使用しない伝票は空欄にしておくこと。
   9月30日　水上商店へ商品￥100,000を売り渡し，代金のうち￥50,000は現金で受け取り，残額は掛けとした（伝票番号は記入しなくてよい）。

入金伝票　　　　No.		出金伝票　　　　No.	
平成×年　月　日		平成×年　月　日	
科　目	金　額	科　目	金　額

振　替　伝　票　　　　　　　　　　No.			
平成×年　月　日			
科　目	金　額	科　目	金　額

【解答】

1．

入金伝票　　No. 18		出金伝票　　No. 30	
平成×年9月25日		平成×年9月10日	
科　目	金　額	科　目	金　額
当座預金	100,000	租税公課	3,000

入金伝票　　No.___		出金伝票　　No.___	
平成×年　月　日		平成×年　月　日	
科　目	金　額	科　目	金　額

振　替　伝　票　　No.___			
平成×年　月　日			
科　目	金　額	科　目	金　額

振　替　伝　票　　No. 15			
平成×年9月18日			
科　目	金　額	科　目	金　額
備　　品	150,000	未　払　金	150,000

2.

入金伝票　　No.___		出金伝票　　No.___	
平成×年9月30日		平成×年　月　日	
科　目	金　額	科　目	金　額
売　掛　金	50,000		

振　替　伝　票　　No.___			
平成×年9月30日			
科　目	金　額	科　目	金　額
売　掛　金	100,000	売　　上	100,000

【解説】

1．仕訳を示すと，以下のようになる。
　　9／10　（借）租税公課　　3,000　　（貸）現　　　金　　3,000　⇒　出金伝票
　　　18　（借）備　　品　150,000　　（貸）未　払　金　150,000　⇒　振替伝票
　　　25　（借）現　　　金　100,000　　（貸）当座預金　100,000　⇒　入金伝票

2．いったん掛けとする方法にて仕訳を示すと，以下のようになる。
　　9／30　（借）売　掛　金　100,000　　（貸）売　　　上　100,000　⇒　振替伝票
　　　　　（借）現　　　金　　50,000　　（貸）売　掛　金　　50,000　⇒　入金伝票

【問題】 若葉商店における平成×年4月1日の取引に関して作成された入金伝票・出金伝票・振替伝票（略式）にもとづいて、仕訳集計表を作成し、総勘定元帳と得意先元帳における各勘定へ転記しなさい。

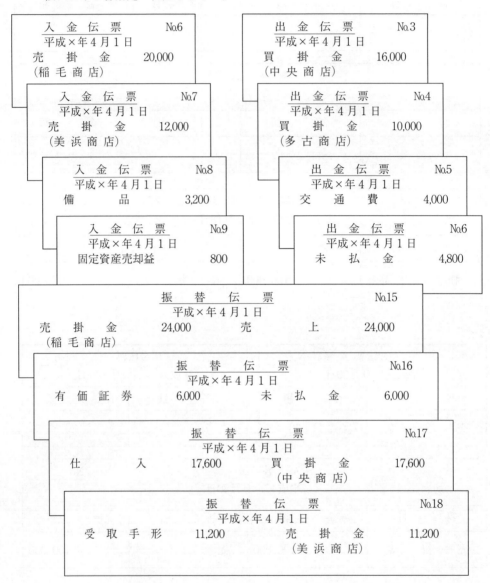

仕 訳 集 計 表

借　　方	勘 定 科 目	貸　　方
	現　　　　　金	
	受　取　手　形	
	売　　掛　　金	
	有　価　証　券	
	備　　　　　品	
	買　　掛　　金	
	未　　払　　金	
	売　　　　　上	
	固 定 資 産 売 却 益	
	仕　　　　　入	
	交　　通　　費	

総 勘 定 元 帳

現　　　金
4/1 前期繰越　××

売　掛　金
4/1 前期繰越　××

備　　　品
4/1 前期繰越　××

未　払　金
4/1 前期繰越　××

補 助 元 帳
得 意 先 元 帳

稲 毛 商 店
4/1 前期繰越　××

美 浜 商 店
4/1 前期繰越　××

【解　答】

仕　訳　集　計　表

借　方	勘　定　科　目	貸　方
36,000	現　　　　　金	34,800
11,200	受　取　手　形	
24,000	売　　掛　　金	43,200
6,000	有　価　証　券	
	備　　　　　品	3,200
26,000	買　　掛　　金	17,600
4,800	未　　払　　金	6,000
	売　　　　　上	24,000
	固　定　資　産　売　却　益	800
17,600	仕　　　　　入	
4,000	交　　通　　費	
129,600		129,600

総　勘　定　元　帳

現　　金

| 4/1 前期繰越 | ×× | 4/1 仕訳集計表 | 34,800 |
| 〃 仕訳集計表 | 36,000 | | |

売　掛　金

| 4/1 前期繰越 | ×× | 4/1 仕訳集計表 | 43,200 |
| 〃 仕訳集計表 | 24,000 | | |

備　　品

| 4/1 前期繰越 | ×× | 4/1 仕掛集計表 | 3,200 |

未　払　金

| 4/1 仕訳集計表 | 4,800 | 4/1 前期繰越 | ×× |
| | | 〃 仕訳集計表 | 6,000 |

補　助　元　帳

得　意　先　元　帳

稲　毛　商　店

| 4/1 前期繰越 | ×× | 4/1 入金伝票 | 20,000 |
| 〃 振替伝票 | 24,000 | | |

美　浜　商　店

| 4/1 前期繰越 | ×× | 4/1 前期繰越 | ×× |
| | | 〃 振替伝票 | 23,200 |

【解説】

1　仕訳集計表の記入

　仕訳集計表の現金勘定の借方には入金伝票の総額を，貸方には出金伝票の総額を記入する。その他の勘定科目については，勘定科目ごとに借方総額および貸方総額を集計し，仕訳集計表におけるそれぞれの勘定の借方と貸方に記入する。

① 現　　　金　　借方＝￥20,000＋￥12,000＋￥3,200＋￥800＝￥36,000
　　　　　　　　　貸方＝￥16,000＋￥10,000＋￥4,000＋￥4,800＝￥34,800
② 受取手形　　　借方＝￥11,200
③ 売　掛　金　　借方＝￥24,000

　　　　　　　　　　貸方 ＝ ¥20,000 ＋ ¥12,000 ＋ ¥11,200 ＝ ¥43,200
　④　有価証券　　借方 ＝ ¥6,000
　⑤　備　　　品　　貸方 ＝ ¥3,200
　⑥　買　掛　金　　借方 ＝ ¥16,000 ＋ ¥10,000 ＝ ¥26,000
　　　　　　　　　　貸方 ＝ ¥17,600
　⑦　未　払　金　　借方 ＝ ¥4,800
　　　　　　　　　　貸方 ＝ ¥6,000
　⑧　売　　　上　　貸方 ＝ ¥24,000
　⑨　仕　　　入　　借方 ＝ ¥17,600
　⑩　交　通　費　　借方 ＝ ¥4,000
　⑪　固定資産売却益　　貸方 ＝ ¥800

2　総勘定元帳への転記

　仕訳集計表から総勘定元帳の各勘定へは合計転記をするため，総勘定元帳の摘要欄は「仕訳集計表」と記入する。

3　補助元帳への転記

　補助元帳への転記はそれぞれの伝票から直接に個別転記するため，補助元帳における人名勘定の摘要欄は各伝票名となる。

第3章 決　　算

1　決算整理事項

1）　決算整理仕訳①─売上原価─

売上原価とは，販売して使った商品の原価をいう。売上原価を求めるためには，前期の売れ残り（前期期末分）と当期に仕入れた分を合算し，そこから期末に売れ残った在庫を差し引く。つまり，当期に売れた商品分だけの原価を売上原価という。

─売上原価の計算式─

売上原価＝期首商品棚卸高＋当期商品仕入高－期末商品棚卸高

─商品棚卸に関する決算整理仕訳─
期首商品分：
　　　（仕　　　　入）　×××　　（繰　越　商　品）　×××
　　　【費　　　用】　　　　　　　【資　　　産】
期末商品分：
　　　（繰　越　商　品）　×××　　（仕　　　　入）　×××

【例題】　以下に示す残高試算表の繰越商品¥4,000は，前期末の売残りを示し，仕入¥10,000は，当期の仕入商品を示している。商品が期末に¥3,000売れ残っているとした場合の仕訳はどうなるか。仕訳しなさい。（決算日は12／31日）

残　高　試　算　表

| 繰　越　商　品 | 4,000 | |
| 仕　　　　入 | 10,000 | |

借方科目	金　額	貸方科目	金　額

【解答】
　　（借）仕　　　　　入　　4,000　　（貸）繰　越　商　品　　4,000
　　（借）繰　越　商　品　　3,000　　（貸）仕　　　　　入　　3,000

2）決算整理仕訳②—貸倒引当金

貸倒引当金とは，売掛金・受取手形などの債権について貸倒れが見込まれるときに，これに備えてあらかじめ決算において貸倒見積額を当期の費用として計上する場合の貸方項目をいう。

―貸倒損失の仕訳―

貸倒引当金を設定していないとき，あるいは貸倒引当金の見積額が不足している状態で，売掛金・受取手形などの債権が回収できないときには，「**貸倒損失**」勘定を用いる。

　　　（貸 倒 損 失）　　×××　　（売　掛　金）　×××
　　　【費　　　用】　　　　　　　または（受取手形）

【例題】　得意先柴田商店が倒産し，売掛金¥30,000が貸し倒れた。なお，当社は貸倒引当金を設定していない。

借方科目	金　額	貸方科目	金　額

【解答】
　　（借）貸 倒 損 失　　30,000　　（貸）売　掛　金　　30,000

―貸倒引当金の設定―
① 貸倒引当金の設定額の計算
② 決算整理仕訳
　（貸倒引当金繰入）　　×××　　（貸 倒 引 当 金）　×××

【例題】　第1期の決算にあたり，売掛金¥1,000,000の2％を貸倒引当金としてはじめて設定することとした。

借方科目	金　額	貸方科目	金　額

【解答】
　　（借）貸倒引当金繰入　　20,000　　（貸）貸 倒 引 当 金　　20,000
　　売掛金¥1,000,000×20％＝¥20,000

―翌期の処理(1)―貸倒引当金設定ありの場合
貸倒発生時：
　　　（貸 倒 引 当 金）　　×××　　（売　掛　金）　×××
　　　　　　　　　　　　　　　　　　または（受取手形）

【例題】 第2期の期中において得意先さんま商店が倒産し，売掛金￥8,000が貸し倒れた。なお，貸倒引当金が現在，￥20,000ある。

借方科目	金　額	貸方科目	金　額

【解答】
　　　　（借）貸 倒 引 当 金　　　8,000　　　（貸）売　掛　金　　　8,000

---翌期の処理(2)---貸倒引当金が設定されているが，不足している場合
貸倒発生時：（貸倒引当金）　　×××　　（売　掛　金）×××
　　　　　　（貸 倒 損 失）　　×××　　　または（受取手形）

【例題】 第2期の期中において得意先いわし商店が倒産し，売掛金￥45,000が貸し倒れた。なお，貸倒引当金が現在，￥12,000ある。

借方科目	金　額	貸方科目	金　額

【解答】
　　　（借）貸 倒 引 当 金　　12,000　　　（貸）売　掛　金　　45,000
　　　（借）貸 倒 損 失　　　33,000

---貸倒見積額＞貸倒引当金残高のケース---
　　（売掛金・受取手形の期末残高×設定率％）－貸倒引当金残高＝貸倒引当金繰入
　　　　　貸倒見積額

---貸倒見積額＜貸倒引当金残高のケース---
　　貸倒引当金残高－（売掛金・受取手形の期末残高×設定率％）＝貸倒引当金戻入
　　　　　　　　　　　　　貸倒見積額

【例題】 第3期の期末時において，売掛金残高￥900,000に対して，3％の貸し倒れを差額補充法により計上する。なお貸倒引当金の残高は￥15,000ある。

借方科目	金　額	貸方科目	金　額

【解答】
　　　（借）貸倒引当金繰入　　12,000　　　（貸）貸 倒 引 当 金　　12,000

売掛金¥900,000×30％＝¥27,000　　　　¥27,000－¥15,000＝¥12,000

【例題】 第4期の期末時において，売掛金残高¥900,000に対して，2％の貸し倒れを差額補充法により計上する。なお貸倒引当金の残高は¥25,000ある。

借　方　科　目	金　　額	貸　方　科　目	金　　額

【解答】

　　（借）貸 倒 引 当 金　　　7,000　　　（貸）貸倒引当金戻入　　　7,000
　　売掛金¥900,000×2％＝¥18,000　　　¥25,000－¥18,000＝¥7,000

【例題】

1．得意先酒井商店が倒産し，売掛金¥500,000が貸し倒れた。なお，当社は貸倒引当金を設定していない。

借　方　科　目	金　　額	貸　方　科　目	金　　額

2．第1期の決算にあたり，売掛金¥1,000,000の3％を貸倒引当金としてはじめて設定することとした。

借　方　科　目	金　　額	貸　方　科　目	金　　額

3．第2期の期中において得意先大川商店が倒産し，売掛金¥10,000が貸し倒れた。なお，貸倒引当金が現在，¥30,000ある。

借　方　科　目	金　　額	貸　方　科　目	金　　額

4．第2期の期中において得意先広島商店が倒産し，売掛金¥70,000が貸し倒れた。なお，貸倒引当金が現在，¥20,000ある。

借　方　科　目	金　　額	貸　方　科　目	金　　額

5．第3期の期末時において，売掛金残高¥600,000に対して，2％の貸し倒れを差額補充法により計上する。なお貸倒引当金の残高は¥3,000ある。

借　方　科　目	金　　額	貸　方　科　目	金　　額

6．第4期の期末時において，売掛金残高¥500,000に対して，2％の貸し倒れを差額補充法により計上する。なお貸倒引当金の残高は¥25,000ある。

借方科目	金　額	貸方科目	金　額

【解答】

1．（借）貸 倒 損 失　　　500,000　　（貸）売　掛　金　　　500,000
2．（借）貸倒引当金繰入　　30,000　　（貸）貸倒引当金　　　30,000
3．（借）貸 倒 引 当 金　　10,000　　（貸）売　掛　金　　　10,000
4．（借）貸 倒 引 当 金　　20,000　　（貸）売　掛　金　　　70,000
　　　　貸 倒 損 失　　　50,000
5．（借）貸倒引当金繰入　　 9,000　　（貸）貸倒引当金　　　 9,000
6．（借）貸 倒 引 当 金　　15,000　　（貸）貸倒引当金戻入　15,000

【解説】

2．貸倒引当金の金額は，売掛金¥1,000,000×3％＝¥30,000。
4．貸倒引当金が¥20,000あるので，貸倒れた売掛金のうち，¥20,000は貸倒引当金が充当する。貸倒損失は，¥70,000－¥20,000＝¥50,000。
5．貸倒引当金の金額は，売掛金¥600,000×2％＝¥12,000。貸倒引当金の残高が¥3,000あるので，貸倒引当金の設定額は¥12,000－¥3,000＝¥9,000となる。貸倒引当金の不足額を計上する，このような方法を差額補充法という。
6．貸倒引当金の金額は，売掛金¥500,000×2％＝¥10,000。貸倒引当金の残高が¥25,000あるので，¥25,000－¥10,000＝¥15,000が「貸倒引当金戻入」となる。

【問題】　次の取引の仕訳を示しなさい。

1．得意先黒川商店が倒産し，売掛金¥500,000が回収不能になった。なお当該商店は，開業してから1年に満たないため，貸倒引当金の設定はなかった。
2．決算に際し，売掛金¥70,000と受取手形¥30,000の合計額に対して，4％の貸倒れを見積もる。
3．得意先熊本商店が倒産し，売掛金¥7,000が貸倒れになった。なお，貸倒引当金の残高が¥20,000ある。
4．得意先川島商店が倒産し，売掛金¥28,000が貸倒れになった。なお，貸倒引当金の残高が¥5,000ある。

	借方科目	金　額	貸方科目	金　額
1				

第3章　決　算

2				
3				
4				

【解答】

	借方科目	金　額	貸方科目	金　額
1	貸倒損失	500,000	売掛金	500,000
2	貸倒引当金繰入	4,000	貸倒引当金	4,000
3	貸倒引当金	7,000	売掛金	7,000
4	貸倒引当金 貸倒損失	5,000 23,000	売掛金	28,000

3）決算整理仕訳③　―減価償却の計算―

　有形固定資産（建物，備品，車両運搬具）は，時の経過によりその価値が減少する。**減価償却**とは，これを考慮してその有形固定資産の使用可能期間にわたって，取得原価を各期に費用配分することをいう。

―減価償却計算の三要素―
① 取得原価……固定資産の購入代金＋付随費用（固定資産を買った金額）。
② 耐用年数……どのくらい使用できるかの利用年数。
③ 残存価額……耐用年数まで使用した後の処分見込み額。通常，取得原価の10％もしくは0％。

―減価償却費の計算（定額法）―

$$減価償却費 = \frac{取得原価 － 残存価額}{耐用年数}$$

　定額法は，毎期均等額の減価償却を計上する方法。減価償却費の計算は，他に定率法がある。

―減価償却の仕訳―
1．直接法……当期の減価償却費（費用）を借方に記入し，貸方には減価償却費相当額を当該固定資産勘定に記入して，固定資産の取得原価から直接マイナスする方法。
　車両の場合
　　　（減価償却費）　　×××　　　　（車両運搬具）　　×××
2．間接法……当期の減価償却費（費用）を借方に記入し，貸方には減価償却費相当

> 額を当該固定資産勘定からマイナスせずに，減価償却累計額（資産のマイナス）と記入する方法。間接法は，評価勘定なので，毎年，減価償却すれば，減価償却累計額の金額が増えることになる。
>
> （減 価 償 却 費）　　×××　　　（減価償却累計額）　　×××

【例題】

1．決算にあたり，当期首に取得した建物（取得原価￥6,000,000　耐用年数30年　残存価額ゼロ）について減価償却を①直接法，②間接法にて決算整理を行った。

① 直 接 法

借 方 科 目	金　　額	貸 方 科 目	金　　額

② 間 接 法

借 方 科 目	金　　額	貸 方 科 目	金　　額

2．決算にあたり，当期首に取得した備品（取得原価￥1,000,000　耐用年数5年　残存価額ゼロ）について減価償却を①直接法，②間接法にて決算整理を行った。

① 直 接 法

借 方 科 目	金　　額	貸 方 科 目	金　　額

② 間 接 法

借 方 科 目	金　　額	貸 方 科 目	金　　額

3．備品減価償却高を下記の資料もとづいて，定額法で計算し，仕訳をしなさい。なお，減価償却の仕訳は間接法によること。

　取得原価：￥145,000　　残存価額：取得原価の10%　　耐用年数：6年

借 方 科 目	金　　額	貸 方 科 目	金　　額

4．備品（取得原価￥800,000，減価償却累計額￥160,000）を￥400,000で売却し，代金は現金で受け取った。

借 方 科 目	金　　額	貸 方 科 目	金　　額

5．建物（取得原価¥5,000,000，減価償却累計額¥1,000,000）を¥3,500,000で売却し，代金は小切手で受け取り，ただちに当座預金とした。

借方科目	金　額	貸方科目	金　額

6．営業用の自動車を¥2,500,000で購入し，代金のうち¥1,000,000は現金で支払い，残額は後日支払うこととした。

借方科目	金　額	貸方科目	金　額

【解答】

1. ① （借）減 価 償 却 費　　200,000　　（貸）建　　　　　物　　200,000
   ② （借）減 価 償 却 費　　200,000　　（貸）減価償却累計額　　200,000
2. ① （借）減 価 償 却 費　　200,000　　（貸）備　　　　　品　　200,000
   ② （借）減 価 償 却 費　　200,000　　（貸）減価償却累計額　　200,000
3. （借）減 価 償 却 費　　 21,750　　（貸）減価償却累計額　　 21,750
4. （借）現　　　　　金　　400,000　　（貸）備　　　　　品　　800,000
       減価償却累計額　　160,000
       固定資産売却損　　240,000
5. （借）当 座 預 金　　3,500,000　　（貸）建　　　　　物　5,000,000
       減価償却累計額　1,000,000
       固定資産売却損　　500,000
6. （借）車 両 運 搬 具　2,500,000　　（貸）現　　　　　金　1,000,000
                                          未　払　金　1,500,000

【解説】

3．$\dfrac{¥145,000 - ¥14,500}{6年} = ¥21,750$

4．固定資産売却損は差額で計算する。
　　¥800,000 − ¥400,000 − ¥160,000 = ¥240,000

【問題】　次の取引の仕訳を示しなさい。

1．決算にあたり，当期首に取得した建物（取得原価¥3,000,000　耐用年数30年　残存価額ゼロ）について減価償却を間接法にて決算整理を行った。
2．決算にあたり，当期首に取得した備品（取得原価¥200,000　耐用年数5年　残存価額ゼロ）について減価償却を直接法にて決算整理を行った。

3．備品減価償却高を下記の資料にもとづいて，定額法で計算し仕訳をしなさい。なお，減価償却の仕訳は間接法によること。
　　取得原価：¥400,000　　残存価額：取得原価の10%　　耐用年数：6年
4．備品（取得原価¥500,000，減価償却累計額¥180,000）を¥400,000で売却し，代金は小切手で受け取った。
5．建物（取得原価¥9,000,000，減価償却累計額¥2,100,000）を¥5,300,000で売却し，代金は小切手で受け取り，ただちに当座預金とした。
6．営業用の自動車を¥3,500,000で購入し，代金のうち¥200,000は小切手を振り出して支払い，残額は後日支払うこととした。

	借方科目	金額	貸方科目	金額
1				
2				
3				
4				
5				
6				

【解答】

	借方科目	金額	貸方科目	金額
1	減価償却費	100,000	減価償却累計額	100,000
2	減価償却費	40,000	備品	40,000
3	減価償却費	60,000	減価償却累計額	60,000
4	減価償却累計額 現金	180,000 400,000	備品 固定資産売却益	500,000 80,000
5	当座預金 減価償却累計額 固定資産売却損	5,300,000 2,100,000 1,600,000	建物	9,000,000
6	車両運搬具	3,500,000	当座預金 未払金	200,000 3,300,000

4) 決算整理仕訳④－費用・収益の繰延，見越－

　費用・収益の中には，契約によって継続的にサービスの授受が行われるもの，たとえば支払家賃・受取家賃，支払利息・受取利息，給料，保険料などがある。これらは会計期間

中の支出や収入にもとづいて記録されるが，期末までに記録された金額は，必ずしも当期に属する費用・収益の金額を示していない。したがって，当期の純損益を正しく計算するため，決算において費用・収益の金額を修正する手続きを行う必要がある。

① 費用・収益の繰越

●**費用の繰延**とは，当期の支払額としては過剰な分の取消しであり，前払費用は次期以降の費用についてすでに支払った対価をいう。当期中に費用としての支出があった場合でも，その中に次期以降に属する分（前払分）があるときは，その金額を当該費用勘定から差し引くとともに，資産として次期に繰り延べることをいう。この資産を**前払費用**という。

なお，前払費用は次期期首に再度，当該費用勘定に振替える。この仕訳を**再振替仕訳**という。

【例題】 以下の取引の仕訳をしなさい。

平成×1年5月1日　向こう1年分の火災保険料¥240,000を現金で支払った。
　　　　　12月31日　決算にあたり，上記火災保険料の前払分を次期に繰延べた。なお，会計期間は1月1日から12月31日までの1年である。
平成×2年1月1日　前払保険料の再振替を行った。

	借方科目	金額	貸方科目	金額
5月1日				
12月31日				
1月1日				

【解答】
5／1　（借）保　険　料　　240,000　（貸）現　　　金　　240,000
12／31（借）前払保険料　　 80,000　（貸）保　険　料　　 80,000
1／1　（借）保　険　料　　 80,000　（貸）前払保険料　　 80,000

【解説】
1か月分の保険料は¥240,000÷12か月＝¥20,000で，当期の保険料は8か月分（5／1～12／31）である。それ以降の4か月分は次期の保険料となるので当期の保険料から差し引き，前払保険料として次期に繰延べる。

12／31　@20,000円×4か月＝¥80,000

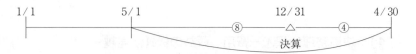

●**収益の繰延**とは，当期の受取額としては過剰な分の取消しであり，前受収益は次期以降の収益についてすでに受取った対価をいう。当期中に収益としての収入があった場合でも，

その中に次期以降に属する分（前受分）があるときは，その金額を当該収益勘定から差し引くとともに，負債として次期に繰り延べる。この負債を**前受収益**という。なお，前受収益は次期期首に再度当該収益勘定に振替える（再振替仕訳）。

【例題】　以下の取引の仕訳をしなさい。

　　平成×1年4月1日　向こう1年分の地代¥360,000を現金で受取った。
　　　　　　　12月31日　決算にあたり，上記地代の前受分を次期に繰延べた。なお，会計期間は1月1日から12月31日までの1年である。
　　平成×2年1月1日　前受地代の再振替を行った。

	借方科目	金　額	貸方科目	金　額
4月1日				
12月31日				
1月1日				

【解答】

4／1　（借）現　　　　金　　360,000　　（貸）受　取　地　代　　360,000
12／31（借）受　取　地　代　　90,000　　（貸）前　受　地　代　　90,000
1／1　（借）前　受　地　代　　90,000　　（貸）受　取　地　代　　90,000

【解説】

　1か月分の地代は¥360,000÷12か月＝¥30,000で，当期の受取地代は9か月分（4／1～12／31）である。それ以降の3か月分は次期の受取地代となるので当期の受取地代から差し引き，前受地代として次期に繰延べる。

　　12／31　@30,000円×3か月＝¥90,000

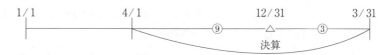

②　費用・収益の見越
●**費用の見越**とは，当期費用の過少な分の追加計上であり，未払費用は次期に支払う対価をいう。当期中に支出がなかった場合でも，当期に属する費用が発生しているときは，その金額を当該費用に加えるとともに，負債として次期に繰越す。この負債を**未払費用**という。なお，未払費用は次期期首に当該費用勘定から控除する（再振替仕訳）。

【例題】　以下の取引の仕訳をしなさい。

　　平成×1年12月31日　決算にあたり，家賃の未払分を計上した。毎月の家賃は¥100,000であり，平成×2年1月31日に3か月分を支払う約束で，平成×1

年11月分からの2か月分が未払いとなっている。なお，会計期間は1月1日から12月31日までの1年である。

平成×2年1月1日　未払家賃の再振替を行った。

	借方科目	金　額	貸方科目	金　額
12月31日				
1月1日				

【解答】

12/31　（借）支 払 家 賃　　200,000　　（貸）未 払 家 賃　　200,000
1／1　（借）未 払 家 賃　　200,000　　（貸）支 払 家 賃　　200,000

【解説】

　家賃の未払分は¥100,000×2か月＝¥200,000である。支払いはまだ行われていないが，当期の費用として発生しているため，この分を当期の支払家賃に追加し，未払家賃として次期に繰越す。

●**収益の見越**とは，当期収益の過少な分の追加計上であり，未収収益は次期に受取る対価をいう。当期中に収入がなかった場合でも，当期に属する収益が発生しているときは，その金額を当該収益に加えるとともに，資産として次期に繰越す。この資産を**未収収益**という。なお，未収収益は次期期首に当該収益勘定から控除する（歳振替仕訳）。

【例題】　以下の取引の仕訳をしなさい。

平成×1年12月31日　決算にあたり，貸付金利息の未収分を計上した。貸付金は当期4月1日に期間1年，利率年3％で¥2,000,000を貸付けたもので，利息は返済期日に元金とともに一括して受取ることになっている。なお，会計期間は1月1日から12月31日までの1年である。

平成×2年1月1日　未収利息の再振替を行った。

	借方科目	金　額	貸方科目	金　額
12月31日				
1月1日				

【解答】

12/31　（借）未 収 利 息　　45,000　　（貸）受 取 利 息　　45,000
1／1　（借）受 取 利 息　　45,000　　（貸）未 収 利 息　　45,000

【解説】

　1か月分の利息は¥2,000,000×3％÷12か月＝¥5,000である。当期中の収益としての

受取利息は9か月分がすでに発生しているため，この分を当期の受取利息に追加し，未収利息として次期に繰越す。

12／31　@5,000円×9か月＝¥45,000

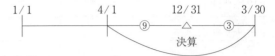

★費用・収益の見越と繰延に関して仕訳される資産・負債については，混同しないよう，十分な注意が必要である。これらをまとめて示せばつぎのとおりである。

	資産として	負債として
繰　延	次期に繰延べる 前払費用 （当該費用勘定から差し引く）	次期に繰延べる 前受収益 （当該収益勘定から差し引く）
見　越	次期に繰越す 未収収益 （当該収益勘定に追加する）	次期に繰越す 未払費用 （当該費用勘定に追加する）

5）決算整理仕訳⑤―消耗品―

消耗品とは，文房具や包装材料など，比較的小額で短期間に消費される物品をいう。消耗品のうち，当期の消費分は「**消耗品費**」として費用計上され，未使用分は「**消耗品**」として資産計上される。

① 購入時に「消耗品費」勘定（費用）で処理する方法

この方法では，購入時に費用処理しているため，決算時に未使用分がある場合，その額を「**消耗品**」勘定（資産）として次期に繰延べる必要がある。これは決算における費用金額の修正であり，次期期首に再度「消耗品費」勘定への振替えを行う。

② 購入時に「消耗品」勘定（資産）で処理する方法

この方法では，購入時に資産処理しているため，決算時までに**使用**した分の金額を「**消耗品費**」勘定（費用）に振替えて手続きは終了する。

【例題】　以下の取引を仕訳しなさい。

平成×1年10月18日　事務用文房具¥80,000を購入し，代金は小切手を振出して支払った。
　　　　12月31日　決算にあたり，上記事務用文房具の未使用高が¥18,000あったので次期に繰延べた。
平成×2年1月1日　消耗品の再振替を行った。

(1) 購入時に「消耗品費」勘定で処理する場合

	借方科目	金 額	貸方科目	金 額
10月18日				
12月31日				
1月1日				

(2) 購入時に「消耗品」勘定で処理する場合

	借方科目	金 額	貸方科目	金 額
10月18日				
12月31日				

【解答】

(1)

10／18	(借)消 耗 品 費	80,000	(貸)当 座 預 金	80,000
12／31	(借)消 耗 品	18,000	(貸)消 耗 品 費	18,000
1／1	(借)消 耗 品 費	18,000	(貸)消 耗 品	18,000

(2)

10／18	(借)消 耗 品	80,000	(貸)当 座 預 金	80,000
12／31	(借)消 耗 品 費	62,000	(貸)消 耗 品	62,000

【解説】

(1)は，購入時に費用として処理しているため，未使用分は当期の消耗品費から差し引き，消耗品（資産）として次期に繰延べる。

(2)は，購入時に資産として処理しているため，使用分（¥80,000 − ¥18,000 ＝ ¥62,000）を当期の消耗品費（費用）に振替える。

※ 繰延処理ではないため，再振替は行わない。

2 精 算 表

第1章では6桁精算表を学んだが，ここでは6桁精算表に決算の整理記入欄を設けた8桁精算表（下表）の作成方法学ぶ。

精 算 表

勘定科目	残高試算表		整理記入		損益計算書		貸借対照表	
	借方	貸方	借方	貸方	借方	貸方	借方	貸方

【例題1】 次の決算整理前残高試算表と棚卸表にもとづいて8桁精算表を作成しなさい。

決算整理前残高試算表
平成○年12月31日

借　方	元丁	勘　定　科　目	貸　方
498,000	1	現　　　　　　　金	
1,630,000	2	当　座　預　金	
1,120,000	3	受　取　手　形	
1,440,000	4	売　　掛　　金	
1,260,000	5	有　価　証　券	
870,000	6	繰　越　商　品	
1,000,000	7	貸　　付　　金	
1,280,000	8	備　　　　　品	
	9	支　払　手　形	1,140,000
	10	買　　掛　　金	1,278,000
	11	貸　倒　引　当　金	26,000
	12	備品減価償却累計額	432,000
	13	資　　本　　金	6,000,000
	14	売　　　　　上	10,560,000
	15	受　取　手　数　料	184,000
	16	受　取　利　息	60,000
8,320,000	17	仕　　　　　入	
1,436,000	18	給　　　　　料	
540,000	19	支　払　家　賃	
168,000	20	消　耗　品　費	
60,000	21	保　　険　　料	
58,000	22	雑　　　　　費	
19,680,000			19,680,000

棚　卸　表
平成○年12月31日

整理科目	摘　　要	内　訳	金　額
繰　越　商　品	棚卸高　　数量　　単価		
	甲品： 50個　@¥20,000	1,000,000	
	乙品： 7個　@¥50,000	350,000	1,350,000
貸　倒　引　当　金	受取手形	1,120,000	
（差額補充法）	貸倒引当金　　　　期末残高の5％	56,000	1,064,000
	売掛金	1,440,000	
	貸倒引当金　　　　期末残高の5％	72,000	1,368,000
減　価　償　却　費	備品の取得原価	1,280,000	
	減価償却累計額	432,000	
	当期減価償却費	144,000	704,000
前払消耗品費	文房具未消費分		112,000
前　払　保　険　料	保険料未経過分		20,000
前　受　利　息	利息前受分		20,000
未　払　家　賃	家賃未払分		180,000
未　収　手　数　料	手数料未収分		96,000

精　算　表

勘定科目	残高試算表		整理記入		損益計算書		貸借対照表	
	借　方	貸　方	借　方	貸　方	借　方	貸　方	借　方	貸　方
現　　　　金	498,000							
当 座 預 金	1,630,000							
受 取 手 形	1,120,000							
売 　掛　 金	1,440,000							
有 価 証 券	1,260,000							
繰 越 商 品	870,000							
貸 　付　 金	1,000,000							
備　　　　品	1,280,000							
支 払 手 形		1,140,000						
買 　掛　 金		1,278,000						
貸倒引当金		26,000						
備品減価償却累計額		432,000						
資 　本　 金		6,000,000						
売　　　　上		10,560,000						
受 取 手 数 料		184,000						
受 取 利 息		60,000						
仕　　　　入	8,320,000							
給　　　　料	1,436,000							
支 払 家 賃	540,000							
消 耗 品 費	168,000							
保 　険　 料	60,000							
雑　　　　費	58,000							
	19,680,000	19,680,000						
貸倒引当金繰入								
減 価 償 却 費								
消 　耗　 品								
前 払 保 険 料								
前 受 利 息								
未 払 家 賃								
未 収 手 数 料								
当 期 純 利 益								

【解答】

精　算　表

勘定科目	残高試算表 借方	残高試算表 貸方	整理記入 借方	整理記入 貸方	損益計算書 借方	損益計算書 貸方	貸借対照表 借方	貸借対照表 貸方
現　　　金	498,000						498,000	
当 座 預 金	1,630,000						1,630,000	
受 取 手 形	1,120,000						1,120,000	
売 掛 金	1,440,000						1,440,000	
有 価 証 券	1,260,000						1,260,000	
繰 越 商 品	870,000		1,350,000	870,000			1,350,000	
貸 付 金	1,000,000						1,000,000	
備　　　品	1,280,000						1,280,000	
支 払 手 形		1,140,000						1,140,000
買 掛 金		1,278,000						1,278,000
貸 倒 引 当 金		26,000		102,000				128,000
備品減価償却累計額		432,000		144,000				576,000
資 本 金		6,000,000						6,000,000
売　　　上		10,560,000				10,560,000		
受 取 手 数 料		184,000		96,000		280,000		
受 取 利 息		60,000	20,000			40,000		
仕　　　入	8,320,000		870,000	1,350,000	7,840,000			
給　　　料	1,436,000				1,436,000			
支 払 家 賃	540,000		180,000		720,000			
消 耗 品 費	168,000			112,000	56,000			
保 険 料	60,000			20,000	40,000			
雑　　　費	58,000				58,000			
	19,680,000	19,680,000						
貸倒引当金繰入			102,000		102,000			
減 価 償 却 費			144,000		144,000			
消 耗 品			112,000				112,000	
前 払 保 険 料			20,000				20,000	
前 受 利 息				20,000				20,000
未 払 家 賃				180,000				180,000
未 収 手 数 料			96,000				96,000	
当 期 純 利 益					484,000			484,000
			2,894,000	2,894,000	10,880,000	10,880,000	9,806,000	9,806,000

【解説】

整理記入欄の仕訳は，次に示すとおりである。

① 売上原価の算定

　　（借）仕　　　　入　　870,000　　（貸）繰 越 商 品　　870,000
　　（借）繰 越 商 品　1,350,000　　（貸）仕　　　　入　1,350,000

② 貸倒引当金の設定（差額補充法）

(¥1,120,000×5％＋¥1,440,000×5％)－¥26,000＝¥102,000

（借）貸倒引当金繰入　　102,000　　（貸）貸 倒 引 当 金　　102,000

③ 減価償却費の計上

（借）減 価 償 却 費　　144,000　　（貸）備品減価償却累計額　144,000

④ 消耗品の修正（未消費分の振り替え）

（借）消　耗　品　　112,000　　（貸）消　耗　品　費　　112,000

⑤ 前払保険料の計上

（借）前 払 保 険 料　　20,000　　（貸）保　　険　　料　　20,000

⑥ 前受利息の計上

（借）受 取 利 息　　20,000　　（貸）前 受 利 息　　20,000

⑦ 未払家賃の計上

（借）支 払 家 賃　　180,000　　（貸）未 払 家 賃　　180,000

⑧ 未収手数料の計上

（借）未 収 手 数 料　　96,000　　（貸）受 取 手 数 料　　96,000

3　損益計算書と貸借対照表

1）損益計算書

損益計算書の様式には，次に示すように勘定式と報告式がある。

① 勘　定　式

損　益　計　算　書

費　　　用	××	収　　　益	××
当期純利益	××		
合　　計	××	合　　計	××

② 報　告　式

損　益　計　算　書

収　　　益	××
費　　　用	××
当期純利益	××

なお，勘定科目と損益計算書の表示が異なるものがあり，売上は「売上高」，仕入は「売上原価」となる。

【例題2】【例題1】の精算表から勘定式の損益計算書を作成しなさい。

損 益 計 算 書

流山商店　　　平成○年1月1日から平成○年12月31日まで

費　　　　用	金　　額	収　　　　益	金　　額
売　上　原　価		売　　上　　高	
給　　　　料		受　取　手　数　料	
支　払　家　賃		受　取　利　息	
貸倒引当金繰入			
減　価　償　却　費			
消　耗　品　費			
保　険　料			
雑　　　　費			
当　期　純　利　益			

【解答】

損 益 計 算 書

流山商店　　　平成○年1月1日から平成○年12月31日まで

費　　　　用	金　　額	収　　　　益	金　　額
売　上　原　価	7,840,000	売　　上　　高	10,560,000
給　　　　料	1,436,000	受　取　手　数　料	280,000
支　払　家　賃	720,000	受　取　利　息	40,000
貸倒引当金繰入	102,000		
減　価　償　却　費	144,000		
消　耗　品　費	56,000		
保　険　料	40,000		
雑　　　　費	58,000		
当　期　純　利　益	484,000		
	10,880,000		10,880,000

【解説】
① 残高試算表の仕入勘定は，決算整理後には売上原価の数値になっているため，損益計算書上は「売上原価」として記載する。
② 残高試算表の売上勘定は，損益計算書上は「売上高」として記載する。
③ 損益計算書の貸借差額は，「当期純利益」と記載する。

2）貸借対照表

貸借対照表には，次に示すように勘定式と報告式がある。

① 勘定式
　　　　貸　借　対　照　表
資　産	××	負　債	××
		純資産	××
合　計	××	合　計	××

② 報告式
　　　　貸　借　対　照　表
資　産	××
合　計	××
負　債	××
純資産	××
合　計	××

なお，勘定科目と貸借対照表の表示が異なるものがあり，繰越商品は「商品」，資本金は「**資本金**」と「**当期純利益**」に区分表示となる。また，「貸倒引当金」は売上債権（受取手形，売掛金）から控除する形式で，「**減価償却累計額**」は固定資産（建物，備品，車両運搬具など）から控除する形式でそれぞれ表示する。

【例題3】 【例題1】の精算表から勘定式の貸借対照表を作成しなさい。

貸　借　対　照　表
流山商店　　　　　　平成〇年12月31日

資　産	内　訳	金　額	負債および純資産	金　額
現　　　　金		(　　)	支　払　手　形	(　　)
当　座　預　金		(　　)	買　掛　金	(　　)
受　取　手　形	(　　)		前　受　利　息	(　　)
貸倒引当金	(　　)	(　　)	未　払　家　賃	(　　)
売　掛　金	(　　)		資　本　金	(　　)
貸倒引当金	(　　)	(　　)	当期純利益	(　　)
有　価　証　券		(　　)		
商　　　　品		(　　)		
消　耗　品		(　　)		
貸　付　金		(　　)		
前　払　保　険　料		(　　)		
未　収　手　数　料		(　　)		
備　　　　品	(　　)			
減価償却累計額	(　　)	(　　)		
		(　　)		(　　)

【解答】

貸 借 対 照 表

流山商店　　　　　　　　平成○年12月31日

資　　　産	内　　訳	金　　額	負債および純資産	金　　額
現　　　　　金		(498,000)	支 払 手 形	(1,140,000)
当 座 預 金		(1,630,000)	買　掛　金	(1,278,000)
受 取 手 形	(1,120,000)		前 受 利 息	(20,000)
貸倒引当金	(56,000)	(1,064,000)	未 払 家 賃	(180,000)
売　掛　金	(1,440,000)		資　本　金	(6,000,000)
貸倒引当金	(72,000)	(1,368,000)	当 期 純 利 益	(484,000)
有 価 証 券		(1,260,000)		
商　　　　品		(1,350,000)		
消　耗　品		(112,000)		
貸　付　金		(1,000,000)		
前 払 保 険 料		(20,000)		
未 収 手 数 料		(96,000)		
備　　　　品	(1,280,000)			
減価償却累計額	(576,000)	(704,000)		
		(9,102,000)		(9,102,000)

【解説】

① 貸倒引当金は貸借対照表上，売上債権（受取手形，売掛金）から控除する形式で記載する。
② 残高試算表の繰越商品勘定は，貸借対照表上「商品」として記載する。
③ 減価償却累計額は貸借対照表上，固定資産（備品など）から控除する形式で記載する。
④ 「当期純利益」は貸借対照表上，資本金とは別に記載する。

【問題】　次の決算整理事項にもとづいて精算表を作成しなさい。ただし，会計期間は1年とし，決算日は12月31日とする。

〔決算整理事項〕
1．期末の商品棚卸高は￥126,000である。
2．受取手形と売掛金の期末残高に対して，過去の貸倒れ実績率にもとづき2％の貸倒れを差額補充法によって見積もる。
3．備品について定額法（耐用年数8年，残存価額は取得原価の10％）により減価償却を行う。
4．家賃の前払い分￥18,000，保険料の未払い分￥6,000があった。

精算表

勘定科目	試算表 借方	試算表 貸方	修正記入 借方	修正記入 貸方	損益計算書 借方	損益計算書 貸方	貸借対照表 借方	貸借対照表 貸方
現　　　　金	66,000							
当 座 預 金	91,200							
受 取 手 形	75,000							
売 　掛 　金	210,000							
有 価 証 券	90,000							
繰 越 商 品	120,000							
備　　　　品	240,000							
買 　掛 　金		165,000						
貸 倒 引 当 金		1,200						
備品減価償却累計額		54,000						
資 　本 　金		600,000						
売　　　　上		1,545,000						
仕　　　　入	1,155,000							
給　　　　料	204,000							
支 払 家 賃	72,000							
光 　熱 　費	33,000							
支 払 保 険 料	9,000							
	2,365,200	2,365,200						
貸倒引当金繰入								
減 価 償 却 費								
(　　) 家 賃								
(　　) 保 険 料								
当 期 純(　　)								

【解答】

精算表

勘定科目	試算表 借方	試算表 貸方	修正記入 借方	修正記入 貸方	損益計算書 借方	損益計算書 貸方	貸借対照表 借方	貸借対照表 貸方
現　　　　　金	66,000						66,000	
当 座 預 金	91,200						91,200	
受 取 手 形	75,000						75,000	
売 　掛 　金	210,000						210,000	
有 価 証 券	90,000						90,000	
繰 越 商 品	120,000		126,000	120,000			126,000	
備　　　　　品	240,000						240,000	
買 　掛 　金		165,000						165,000
貸 倒 引 当 金		1,200		4,500				5,700
備品減価償却累計額		54,000		27,000				81,000
資 　本 　金		600,000						600,000
売　　　　　上		1,545,000				1,545,000		
仕　　　　　入	1,155,000		120,000	126,000	1,149,000			
給　　　　　料	204,000				204,000			
支 払 家 賃	72,000			18,000	54,000			
光 　熱 　費	33,000				33,000			
支 払 保 険 料	9,000		6,000		15,000			
	2,365,200	2,365,200						
貸倒引当金繰入			4,500		4,500			
減 価 償 却 費			27,000		27,000			
（前払）家賃			18,000				18,000	
（未払）保険料				6,000				6,000
当期純（利益）					58,500			58,500
			301,500	301,500	1,545,500	1,545,500	916,200	916,200

【解説】

整理記入欄の仕訳は，次に示すとおりである。

① 売上原価の算定
　　（借）仕　　　　　入　　120,000　　（貸）繰　越　商　品　　120,000
　　（借）繰　越　商　品　　126,000　　（貸）仕　　　　　入　　126,000
② 貸倒引当金の設定（差額補充法）
　　（¥75,000＋¥210,000）×2％−¥1,200＝¥4,500
　　（借）貸倒引当金繰入　　4,500　　（貸）貸 倒 引 当 金　　4,500
③ 減価償却費の計上
　　（¥240,000−¥240,000×10％）÷8年＝¥27,000
　　（借）減 価 償 却 費　　27,000　　（貸）備品減価償却累計額　　27,000
④ 前払家賃の計上
　　（借）前 払 家 賃　　18,000　　（貸）支 払 家 賃　　18,000

⑤ 未払保険料の計上
(借) 支 払 保 険 料　　　6,000　　(貸) 未 払 保 険 料　　　6,000

【問題】 次の市原商店の決算整理後の残高試算表にもとづいて，損益計算書と貸借対照表を作成しなさい。ただし，会計期間は1年とし，決算日は12月31日とする。

残 高 試 算 表

借　　方	勘 定 科 目	貸　　方
750,000	現　　　　　金	
1,200,000	当 座 預 金	
3,750,000	売 掛 金	
1,500,000	繰 越 商 品	
1,400,000	備　　　　　品	
	買 掛 金	2,200,000
	借 入 金	3,000,000
	貸 倒 引 当 金	80,000
	備品減価償却累計額	410,000
	資 本 金	2,080,000
	売　　　　　上	9,500,000
	受 取 利 息	80,000
7,000,000	仕　　　　　入	
1,240,000	給　　　　　料	
300,000	支 払 地 代	
100,000	支 払 利 息	
20,000	貸倒引当金繰入	
60,000	減 価 償 却 費	
10,000	未 収 利 息	
20,000	前 払 地 代	
17,350,000		17,350,000

損益計算書

市原商店　　平成○年1月1日から平成○年12月31日

費　用	金　額	収　益	金　額
売　上　原　価	(　　　　)	(　　　　　　)	(　　　　　　)
(　　　　　　)	(　　　　)	(　　　　　　)	(　　　　　　)
(　　　　　　)	(　　　　)		
(　　　　　　)	(　　　　)		
(　　　　　　)	(　　　　)		
(　　　　　　)	(　　　　)		
当　期　純　利　益	(　　　　)		
	(　　　　)		(　　　　　　)

貸借対照表

市原商店　　平成○年12月31日

資　　　産	金　　　額	負債および純資産	金　　　額
(　　　　　　)	(　　　　　　)	(　　　　　　)	(　　　　　　)
(　　　　　　)	(　　　　　　)	(　　　　　　)	(　　　　　　)
(　　　　　　)	(　　　) (　　　　)		
貸　倒　引　当　金	(　　　) (　　　　)	当　期　純　利　益	(　　　　　　)
(　　　　　　)	(　　　　　　)		
(　　　　　　)	(　　　　　　)		
(　　　　　　)	(　　　　　　)		
(　　　　　　)	(　　　)		
備品減価償却累計額	(　　　) (　　　　)		

【解答】

損 益 計 算 書

市原商店　　　　平成○年1月1日から平成○年12月31日

費　　用	金　　額	収　　益	金　　額
売　上　原　価	(7,000,000)	(売　上　高)	(9,500,000)
(給　　　　料)	(1,240,000)	(受　取　利　息)	(80,000)
(支　払　地　代)	(300,000)		
(支　払　利　息)	(100,000)		
(貸倒引当金繰入)	(20,000)		
(減　価　償　却　費)	(60,000)		
当　期　純　利　益	(860,000)		
	(9,580,000)		(9,580,000)

貸 借 対 照 表

市原商店　　　　平成○年12月31日

資　　産	金　　額	負債および純資産	金　　額
(現　　　　金)	(750,000)	(買　掛　金)	(2,200,000)
(当　座　預　金)	(1,200,000)	(借　入　金)	(3,000,000)
(売　掛　金)　(3,750,000)		(資　本　金)	(2,080,000)
貸　倒　引　当　金　(80,000)	(3,670,000)	当　期　純　利　益	(860,000)
(商　　　　品)	(1,500,000)		
(未　収　利　息)	(10,000)		
(前　払　地　代)	(20,000)		
(備　　　　品)　(1,400,000)			
備品減価償却累計額　(410,000)	(990,000)		
	(8,140,000)		(8,140,000)

【解説】
○損益計算書記載上の注意事項は次のとおりである。
　① 残高試算表の仕入勘定は、決算整理後には売上原価の数値になっているため、損益計算書上は「売上原価」として記載する。
　② 残高試算表の売上勘定は、損益計算書上は「売上高」として記載する。
　③ 損益計算書の貸借差額が「当期純利益」となる。
○貸借対照表記載上の注意事項は次のとおりである。
　① 貸倒引当金は貸借対照表上、売掛金から控除する形式で記載する。
　② 残高試算表の繰越商品勘定は、貸借対照表上「商品」として記載する。

③ 備品減価償却累計額は貸借対照表上，備品から控除する形式で記載する。
④ 「当期純利益」は貸借対照表上，資本金とは別に記載する。

●仕訳問題

以下の取引の仕訳をしなさい。

〔商品〕

(1) 仕入先宮田商店より商品￥50,000を仕入れ，代金のうち￥30,000は現金で支払い，残額は掛とした。

(2) 原価50,000円の商品を￥60,000で売り渡し，代金は現金で受け取った。

(3) 得意先横浜商店へ商品￥200,000を販売し，代金のうち半額は現金で受け取り，残額は掛とした。

(4) さきに得意先宮田商店に対して掛売りした商品のうち￥20,000が品質不良のため，返品された。

(5) 山崎商店から仕入れた商品のうち，品違いがあり，返品した。この金額￥70,000は，同店に対する買掛金から差し引いた。

(6) さきに得意先山崎商店に対して掛売りした商品について，汚れがあるということなので，￥5,000値引きをおこない，その代金は売掛金から差引くことにした。

(7) 伊藤商店から，商品￥80,000を掛けで仕入れた。なお，この商品の運賃（当方負担）￥2,000は現金で支払った。

(8) 川田商店に商品￥150,000を，掛けで売り渡した。なお，この商品の配送運賃￥5,000（当方負担）は，現金で支払った。

(9) 柴田商店に商品￥180,000を掛けで売り渡した。なお，この商品の配送運賃￥5,000（柴田商店負担）を，現金で立て替えて支払った。

(10) 仕入先から商品￥8,000（消費税を含んでいる）を掛により入手し，商品引き取り時に宅配業者に着払運賃￥800を現金で支払った。

(11) 得意先に商品￥110,000（税込価格，消費税分￥10,000）を販売し，代金は月末に受け取ることにした。

(12) 得意先岡本商店に商品を￥60,000で販売し，代金は掛けとした。なお岡本商店負担の発送費用￥1,200を現金で立て替え払いした。（立替金勘定を使用すること）

〔現金・当座預金〕

(13) 明商店に商品￥80,000を売り渡し，代金は同店振り出しの小切手で受け取った。

(14) 得意先金子商店に商品￥500,000を販売し，この代金のうち半額は同店振出の小切手で受け取り，残額は郵便為替証書を受けとった。

(15) 金商店に商品￥100,000を販売し，代金は配当金領収証で受けとった。

(16) 仕入先宮田商店より商品￥50,000を仕入れ，代金￥20,000は小切手を支払い，残額は掛とした。

(17) 大阪商店へ商品￥60,000を売り渡し，代金は同店振出の小切手で受け取り，ただちに当座預金に預け入れた。

(18)① 当店は，商品￥250,000を仕入れ，代金は小切手を振り出して支払った。なお，当座預金の残高は￥100,000しかないが，この銀行と当座借越契約が結んである。（二勘

定制）
　　② 当店は，現金￥500,00を上記の銀行の当座預金口座に預け入れた。（二勘定制）
⑲① 当店は，商品￥100,000を仕入れ，代金は小切手を振り出して支払った。なお，当座預金の残高は￥80,000しかないが，この銀行と当座借越契約が結んである。（一勘定制）
　　② 当店は，現金￥500,000を上記の銀行の当座預金口座に預け入れた。（一勘定制）
⑳　大川商店へ商品￥40,000を売り渡し，代金は同店振出の小切手で受け取った。だだし，この受け取った小切手はただちに当座預金に預け入れた。
㉑　小川商店へ商品￥80,000を売り渡し，代金として小切手を受け取った。だだし，この受け取った小切手は，当店がかねて振り出した小切手であった。
㉒　大森商店は，石田商店から商品￥300,000を仕入れ，引取費用￥20,000とともに小切手を振り出して支払った。なお当座預金の残高は￥200,000であったが，借越限度額￥2,000,000の当座借越契約を結んでいる。

〔小口現金〕

㉓① 3月1日当社では，定額資金前渡制度（インプレスト・システム）を採用し，小口現金￥20,000を小切手を振り出して用度係に前渡しした。
　　② 用度係から次のような報告を受けた。通信費￥7,000，交通費￥2,000
　　③ 用度係に小切手￥9,000を振り出して小口現金の補給をした。

〔手形〕

㉔① 緑川商店から商品￥60,000を仕入れ，代金として約束手形を振り出した。
　　② 緑川商店は，上記の手形が満期日となり，手形代金が当座預金から引き落とされた。
㉕　赤川商店より商品￥220,000を仕入れ，￥200,000については同店宛の約束手形を振り出して支払い，残額は掛けとした。
㉖　秋田商店に対する買掛金￥30,000支払いのために小切手￥10,000と約束手形￥20,000を振り出した。
㉗① 名古屋商店へ商品を売上げ，この代金￥50,000のうち￥30,000は同店振出の小切手で受け取り，残額は当店宛の約束手形で受け取った。
　　② ①の約束手形が決済された。
㉘　赤坂商店から，売掛金の回収として￥250,000の約束手形を受け取ったが，これは以前当店が振り出した手形であった。
㉙　静岡商店は，高知商店に商品￥100,000を売上，うち￥70,000は約束手形で受け取り，残額は掛けとした。なお，商品の発送にあたって，発送運賃￥1,000（高知商店負担）を現金で支払った。
㉚　仕入先佐賀商店に対して買掛金支払いのため，さきに得意先下関商店から受け取った約束手形￥100,000を裏書譲渡した。
㉛　かねて受け取っていた約束手形￥600,000を取引銀行で売却し，割引料￥1,500を差し引かれ，残額を当座預金とした。
㉜　先に得意先古雅商店から受け取った同店振出の約束手形￥400,000を銀行で割引，割

引料を差引かれた手取り金を同行の当座預金とした。割引日数は146日で利率は年9％である。

(33) 大阪商店は東京商店から商品￥100,000を仕入れ，代金のうち半額は福井商店振出，当店宛の約束手形を裏書譲渡し，残額は月末に支払うことにした。

(34) 大阪商店は東京商店に商品￥100,000を販売し，代金のうち半額は福井商店振出，東京商店宛の約束手形を裏書され，残額は掛けとした。

〔有価証券〕

(35) 田中商事株式会社の株式を，10株@50,000円で購入し，代金は購入手数料￥5,000とともに小切手を振り出して支払った。

(36) 1株あたり￥60で購入した株式20株を@70円で現金売却した。

(37) 1株あたり￥60で購入した株式20株を@50円で現金売却した。

(38) 仙台株式会社から社債（額面￥2,000,000）を額面@100円につき@98.5円で買い入れ，代金は買入手数料￥20,000を含めて月末に支払うことにした。

(39) 藤若株式会社（1株の額面￥50,000，取得価額￥95,000）10株を1株につき，￥88,000で売却し，代金は月末に受取ることにした。

〔固定資産〕

(40) 土地を￥5,000,000で購入し，代金は購入手数料￥250,000，登記料￥100,000とともに小切手を振り出して支払った。

(41) 営業用の建物￥3,000,000を購入し，代金は購入手数料￥250,000ともに小切手を振り出して支払った。

(42) 備品を￥850,000で購入し，代金のうち￥500,000は小切手を振り出して支払い，残りは月末に支払うことにした。なお，その際引取運賃￥20,000を現金で支払った。

〔貸付金・借入金〕

(43) 取引先に￥600,000を貸付，利息￥30,000を差し引いた残額について，小切手を振り出した。

(44) 借入金のうち￥60,000を利息￥2,000とともに小切手を振り出して支払った。

(45) 伊藤商店から国債を担保として￥4,000,000を約束手形を振り出して借り入れ，利息を差し引かれた手取金を当座預金に預け入れた。なお，借入期間は73日，利率は年（365日とする）8％である。

(46) 赤坂商店は，青森商店に￥500,000を貸し付けることになり，現金￥500,000を渡した。なお，借用証書の代わりとして，青森商店振り出しの約束手形を受け取った。

(47) 取引先間商店に対し期間9か月，利率年3.5％で貸し付けた貸付金￥1,000,000を満期日に利息とともに同店振り出しの小切手で返済をうけた。

〔前払金・前受金・未払金・未収入金〕

(48) 東京商店は名古屋商店に商品￥800,000を注文し，手付金として￥100,000を小切手を振り出して支払った。

⑷⑼ 福岡商店は大分商店より商品￥600,000の注文を受け，手付金として￥60,000を同店振出の小切手で受け取った。

⑸⓪ 川田商店に対し，さきに注文のあった商品を引き渡し，この代金￥400,000から内金￥30,000を控除した差額を，同店振出の約束手形で受け取った。

⑸① 名古屋商店は以前注文しておいた商品￥80,000を受け取り，注文したときに支払っておいた内￥10,000を差し引いて，残額を小切手を振り出して支払った。

⑸② 藤岡商店から商品￥600,000を仕入れ，代金のうち￥100,000は注文時に支払った手付金と相殺し，￥300,000は盛岡商店振出，当店受取の約束手形を裏書譲渡し，残りは月末に支払うことにした。

⑸③ 川田商店に対し，さきに注文のあった商品を引き渡し，この代金￥700,000から手付金￥200,000を控除した差額のうち，半額を同店振出の約束手形で受取り，残額は月末に受け取ることにした。

⑸④ 備品￥350,000を購入し，この代金は月末に支払うことにした。

⑸⑤ 不用品などを売却し，この代金￥5,000は月末に受け取ることにした。

⑸⑥ さきに1株につき￥80,000で購入した株式10株を，1株につき￥90,000で売却し，代金は月末に受け取ることにした。

⑸⑦ 建物￥5,000,000（購入手数料￥150,000）を購入し，代金のうち￥2,000,000を小切手を振り出して支払い，差額は月末支払うことにした。

⑸⑧ 小山商店から商品￥40,000を仕入れ，代金のうち￥2,000は注文時に支払った内金と相殺し，残額は小切手を振り出して支払った。なお，現在の当座預金残高は￥15,000であるが，取引銀行と当座借越契約（借越限度額￥300,000）を結んでいる，当座借越勘定を用いること。

⑸⑨ かねて岡山商店から注文を受けていた商品￥700,000を本日発送し，先に受け取っていた手付金￥10,000を差し引き，残額は月末に受けとることにした。

⑹⓪ 得意先相川商店に対し，さきに注文のあった商品を引き渡し，この代金￥440,000から手付金￥30,000を控除した残額を同店振出の約束手形で受け取った。

⑹① 野上商店に商品￥370,000を売り上げ，代金のうち￥200,000は熊本商店・福岡商店宛ての約束手形を裏書譲渡され，残額は月末に受け取ることにした。

⑹② 四国商店商品￥220,000を販売し，代金は内金￥20,000を差し引き，残額は同店振出の約束手形で受け取った。なお，発送のための当店負担の諸費用￥2,500は現金で支払った。

⑹③ 久留米商店へ商品￥550,000を販売し，代金のうち￥400,000については当店振出・北九州商店宛ての約束手形を裏書譲渡され，残額は月末に受取ることとした。なお，そのさい発送運賃（久留米商店負担）￥3,500は小切手を振出して支払った。

〔現金過不足〕

⑹④① 現金の実際有高が帳簿残高より￥66,000不足していたので，とりあえず現金過不足勘定で処理をした。

② その後原因を調べたところ，通信費の支払額￥96,000と手数料の受取額￥30,000の記載漏れであった。

(65) 現金の実際有高が帳簿残高より¥22,000多いことが分かった。

(66) 現金の実際有高が帳簿残高より¥50,000不足していたので，かねて現金過不足勘定で処理しておいたが，その後原因を調べたところ，交通費の支払額の記帳漏れが判明した。

(67) 現金の実際有高が帳簿残高より¥48,000不足していたので，かねて現金過不足勘定で処理しておいたが，その後原因を調べたところ，交通費の支払額¥31,000，通信費の支払額¥23,000および手数料の受取額¥6,000が記帳漏れであることが判明した。

(68) 毎月の家賃は¥100,000であり，3月1日に1年分を前払いしている（決算日：12月31日）決算整理仕訳を行いなさい。

(69) 毎月の家賃は¥100,000であり，3月1日に1年分を前受けしている（決算日：12月31日）。決算整理仕訳を行いなさい。

(70) 決算にあたり，当期の4か月分の家賃未払分¥40,000を計上した。

(71) 決算にあたり，当期の4か月分の家賃未収分¥50,000を計上した。

〔解答用紙〕

	借方科目	金額	貸方科目	金額
(1)				
(2)				
(3)				
(4)				
(5)				
(6)				
(7)				
(8)				
(9)				
(10)				
(11)				
(12)				

(13)				
(14)				
(15)				
(16)				
(17)				
(18)①				
②				
(19)①				
②				
(20)				
(21)				
(22)				
(23)①				
②				
③				
(24)①				
②				
(25)				
(26)				

(27)①				
②				
(28)				
(29)				
(30)				
(31)				
(32)				
(33)				
(34)				
(35)				
(36)				
(37)				
(38)				
(39)				
(40)				
(41)				
(42)				
(43)				
(44)				

仕訳問題

(45)				
(46)				
(47)				
(48)				
(49)				
(50)				
(51)				
(52)				
(53)				
(54)				
(55)				
(56)				
(57)				
(58)				
(59)				
(60)				
(61)				
(62)				
(63)				

(64)①				
②				
(65)				
(66)				
(67)				
(68)				
(69)				
(70)				
(71)				

【解答】

	借 方 科 目	金 額	貸 方 科 目	金 額
(1)	仕　　　　　入	50,000	現　　　　　金 買　　掛　　金	30,000 20,000
(2)	現　　　　　金	60,000	売　　　　　上	60,000
(3)	現　　　　　金 売　　掛　　金	100,000 100,000	売　　　　　上	200,000
(4)	売　　　　　上	20,000	売　　掛　　金	20,000
(5)	買　　掛　　金	70,000	仕　　　　　入	70,000
(6)	売　　　　　上	5,000	売　　掛　　金	5,000
(7)	仕　　　　　入	82,000	買　　掛　　金 現　　　　　金	80,000 2,000
(8)	売　　掛　　金 発　　送　　費	150,000 5,000	売　　　　　上 現　　　　　金	150,000 5,000
(9)	売　　掛　　金	185,000	売　　　　　上 現　　　　　金	180,000 5,000
(10)	仕　　　　　入	8,800	買　　掛　　金 現　　　　　金	8,000 800

仕訳問題

(11)	売 掛 金		110,000	売	上		110,000
(12)	売 掛 金 立 替 金		60,000 1,200	売 現	上 金		60,000 1,200
(13)	現	金	80,000	売	上		80,000
(14)	現	金	500,000	売	上		500,000
(15)	現	金	100,000	売	上		100,000
(16)	仕	入	50,000	当 座 預 金 買 掛 金			20,000 30,000
(17)	当 座 預 金		60,000	売	上		60,000
(18)①	仕	入	250,000	当 座 預 金 当 座 借 越			100,000 150,000
②	当 座 借 越 当 座 預 金		150,000 350,000	現	金		500,000
(19)①	仕	入	100,000	当	座		100,000
②	当	座	500,000	現	金		500,000
(20)	当 座 預 金		40,000	売	上		40,000
(21)	当 座 預 金		80,000	売	上		80,000
(22)	仕	入	320,000	当 座 預 金 当 座 借 越			200,000 120,000
(23)①	小 口 現 金		20,000	当 座 預 金			20,000
②	通 信 費 交 通 費		7,000 2,000	小 口 現 金			9,000
③	小 口 現 金		9,000	当 座 預 金			9,000
(24)①	仕	入	60,000	支 払 手 形			60,000
②	支 払 手 形		60,000	当 座 預 金			60,000
(25)	仕	入	220,000	支 払 手 形 買 掛 金			200,000 20,000
(26)	買 掛 金		30,000	当 座 預 金 支 払 手 形			10,000 20,000
(27)①	現 金 受 取 手 形		30,000 20,000	売	上		50,000
②	当 座 預 金		20,000	受 取 手 形			20,000
(28)	支 払 手 形		250,000	売 掛 金			250,000
(29)	受 取 手 形 売 掛 金		70,000 31,000	売 現	上 金		100,000 1,000
(30)	買 掛 金		100,000	受 取 手 形			100,000

(31)	手 形 売 却 損 当 座 預 金	1,500 598,500	受 取 手 形	600,000
(32)	手 形 売 却 損 当 座 預 金	14,400 385,600	受 取 手 形	400,000
(33)	仕 入	100,000	受 取 手 形 買 掛 金	50,000 50,000
(34)	受 取 手 形 売 掛 金	50,000 50,000	売 上	100,000
(35)	有 価 証 券	505,000	当 座 預 金	505,000
(36)	現 金	1,400	有 価 証 券 有価証券売却益	1,200 200
(37)	現 金 有価証券売却損	1,000 200	有 価 証 券	1,200
(38)	有 価 証 券	1,990,000	未 払 金	1,990,000
(39)	有価証券売却損 未 収 金	70,000 880,000	有 価 証 券	950,000
(40)	土 地	5,350,000	当 座 預 金	5,350,000
(41)	建 物	3,250,000	当 座 預 金	3,250,000
(42)	備 品	870,000	当 座 預 金 未 払 金 現 金	500,000 350,000 20,000
(43)	貸 付 金	600,000	受 取 利 息 当 座 預 金	30,000 570,000
(44)	借 入 金 支 払 利 息	60,000 2,000	当 座 預 金	62,000
(45)	当 座 預 金 支 払 利 息	3,936,000 64,000	手 形 借 入 金	4,000,000
(46)	手 形 貸 付 金	500,000	現 金	500,000
(47)	現 金	1,026,250	貸 付 金 受 取 利 息	1,000,000 26,250
(48)	前 払 金	100,000	当 座 預 金	100,000
(49)	現 金	60,000	前 受 金	60,000
(50)	前 受 金 受 取 手 形	30,000 370,000	売 上	400,000
(51)	仕 入	80,000	当 座 預 金 前 払 金	70,000 10,000

仕訳問題

	借方		貸方	
(52)	仕　　　　　　入	600,000	前　払　金 受　取　手　形 買　掛　金	100,000 300,000 200,000
(53)	前　受　金 受　取　手　形 売　掛　金	200,000 250,000 250,000	売　　　　　　上	700,000
(54)	備　　　　　　品	350,000	未　払　金	350,000
(55)	未　収　入　金	5,000	雑　　　　益	5,000
(56)	未　収　入　金	900,000	有　価　証　券 有価証券売却益	800,000 100,000
(57)	建　　　　　　物	5,150,000	当　座　預　金 未　払　金	2,000,000 3,150,000
(58)	仕　　　　　　入	40,000	前　払　金 当　座　預　金 当　座　借　越	2,000 15,000 23,000
(59)	前　受　金 売　掛　金	10,000 690,000	売　　　　　　上	700,000
(60)	前　受　金 受　取　手　形	30,000 410,000	売　　　　　　上	440,000
(61)	受　取　手　形 売　掛　金	200,000 170,000	売　　　　　　上	370,000
(62)	前　受　金 受　取　手　形 発　送　費	20,000 200,000 2,500	売　　　　　　上 現　　　　金	220,000 2,500
(63)	受　取　手　形 売　掛　金	400,000 153,500	売　　　　　　上 当　座　預　金	550,000 3,500
(64)①	現　金　過　不　足	66,000	現　　　　金	66,000
②	通　信　費	96,000	現　金　過　不　足 受　取　手　数　料	66,000 30,000
(65)	現　　　　金	22,000	現　金　過　不　足	22,000
(66)	交　通　費	50,000	現　金　過　不　足	50,000
(67)	交　通　費 通　信　費	31,000 23,000	受　取　手　数　料 現　金　過　不　足	6,000 48,000
(68)	前　払　家　賃	200,000	支　払　家　賃	200,000
(69)	受　取　家　賃	200,000	前　受　家　賃	200,000
(70)	支　払　家　賃	40,000	未　払　家　賃	40,000
(71)	未　収　家　賃	50,000	受　取　家　賃	50,000

●試算表問題

問題 1 次の 8 月中の取引にもとづいて，合計試算表の「月中取引高」欄と「合計」欄の記入を行いなさい。なお，必要な勘定科目は追加すること。

8 月中の取引
(1) 商品の仕入れ
  a．小切手振り出しによる仕入高   ¥12,000
  b．掛けによる仕入高   ¥10,000
   このうちの返品高   ¥500
  c．約束手形振り出しによる仕入高   ¥15,000

(2) 商品の売上げ
  a．掛けによる売上高   ¥30,000
   このうちの値引高   ¥1,000
  b．約束手形受入れによる売上高   ¥40,000

(3) 当座預金の増減（(1)a．を除く）
  a．売掛金の回収   ¥10,000
  b．買掛金の支払   ¥2,000
  c．手形代金の取立て   ¥12,000
  d．手形代金の支払い   ¥4,000
  e．備品の売却   ¥2,000
   （売却した備品の取得原価 ¥8,000 減価償却累計額 ¥4,800）
  f．給料の支払い   ¥10,000
  g．家賃の支払い   ¥2,000

(4) その他の取引
  a．買掛金支払のための手持の約束手形の裏書譲渡高   ¥200
  b．得意先の倒産による売掛金の貸倒高   ¥100

合　計　試　算　表

借　方			勘定科目	貸　方		
合　　計	月中取引高	前月からの繰越高		前月からの繰越高	月中取引高	合　　計
		12,000	現　　　　金			
		205,000	当　座　預　金	120,000		
		65,000	受　取　手　形	24,000		
		143,000	売　掛　金	52,400		
		58,000	有　価　証　券			
		20,600	繰　越　商　品			
		32,000	備　　　　品			
		17,000	支　払　手　形	30,200		
		21,600	買　掛　金	70,000		
			貸　倒　引　当　金	2,100		
			減価償却累計額	14,400		
			資　本　金	200,000		
		2,800	売　　　　上	320,000		
		192,300	仕　　　　入	6,400		
		35,600	給　　　　料			
		12,800	支　払　家　賃			
		16,000	通　信　費			
		2,200	消　耗　品　費			
		3,600	手　形　売　却　損			
			(　　　　　　)			
		839,500		839,500		

【解答】

合 計 試 算 表

借 方			勘定科目	貸 方		
合　計	月中取引高	前月からの繰越高		前月からの繰越高	月中取引高	合　計
312,000		12,000	現　　　　　金			
229,000	24,000	205,000	当　座　預　金	120,000	30,000	150,000
105,000	40,000	65,000	受　取　手　形	24,000	12,200	36,200
173,000	30,000	143,000	売　　掛　　金	52,400	11,100	63,500
58,000		58,000	有　価　証　券			
20,600		20,600	繰　越　商　品			
32,000		32,000	備　　　　　品		8,000	8,000
21,000	4,000	17,000	支　払　手　形	30,200	15,000	45,200
24,3000	2,700	21,600	買　　掛　　金	70,000	10,000	80,000
100	100		貸　倒　引　当　金	2,100		2,100
4,800	4,800		減価償却累計額	14,400		14,400
			資　　本　　金	200,000		200,000
3,800	1,000	2,800	売　　　　　上	320,000	70,000	390,000
229,300	37,000	192,300	仕　　　　　入	6,400	500	6,900
45,600	10,000	35,600	給　　　　　料			
14,800	2,000	12,800	支　払　家　賃			
16,000		16,000	通　　信　　費			
2,200		2,200	消　耗　品　費			
3,600		3,600	手　形　売　却　損			
1,200	1,200		（固定資産売却損）			
996,300	156,800	839,500		839,500	156,800	996,300

【解説】

(1)
　a．（借）仕　　　　　入　　12,000　　（貸）当　座　預　金　　12,000
　b．（借）仕　　　　　入　　10,000　　（貸）買　　掛　　金　　10,000
　　　（借）買　　掛　　金　　　　500　　（貸）仕　　　　　入　　　　500
　c．（借）仕　　　　　入　　15,000　　（貸）支　払　手　形　　15,000

(2)
　a．（借）売　　掛　　金　　30,000　　（貸）売　　　　　上　　30,000
　　　（借）売　　　　　上　　　1,000　　（貸）売　　掛　　金　　　1,000
　b．（借）受　取　手　形　　40,000　　（貸）売　　　　　上　　40,000

(3)
　a．（借）当　座　預　金　　10,000　　（貸）売　　掛　　金　　10,000

試算表問題

b.	(借)	買　　掛　　金	2,000	(貸)	当　座　預　金	2,000
c.	(借)	当　座　預　金	12,000	(貸)	受　取　手　形	12,000
d.	(借)	支　払　手　形	4,000	(貸)	当　座　預　金	4,000
e.	(借)	減価償却累計額	4,800	(貸)	備　　　　　品	8,000
		当　座　預　金	2,000			
		固定資産売却損	1,200			
f.	(借)	給　　　　　料	10,000	(貸)	当　座　預　金	10,000
g.	(借)	支　払　家　賃	2,000	(貸)	当　座　預　金	2,000

(4)
a.	(借)	買　　掛　　金	200	(貸)	受　取　手　形	200
b.	(借)	貸　倒　引　当　金	100	(貸)	売　　掛　　金	100

問題2　次の5月中の取引にもとづいて，合計試算表の「月中取引高」欄と「合計」欄の記入を行いなさい。なお，必要な勘定科目は追加すること。

5月中の取引
(1) 商品の仕入れ
　　a．小切手振り出しによる仕入高　　　　　　　　　　　　　　￥108,000
　　b．掛けによる仕入高　　　　　　　　　　　　　　　　　　　￥12,800
　　　　このうちの返品高　　　　　　　　　　　　　　　　　　￥800
　　c．約束手形振り出しによる仕入高　　　　　　　　　　　　　￥16,000
　　d．現金による仕入れ高　　　　　　　　　　　　　　　　　　￥720,000
　　　　このうちの返品高　　　　　　　　　　　　　　　　　　￥2,000

(2) 商品の売上げ
　　a．掛けによる売上高　　　　　　　　　　　　　　　　　　　￥300,000
　　　　このうちの値引高　　　　　　　　　　　　　　　　　　￥1,200
　　b．約束手形受入れによる売上高　　　　　　　　　　　　　　￥56,000
　　c．小切手による売上高　　　　　　　　　　　　　　　　　　￥810,000
　　d．現金による売上高　　　　　　　　　　　　　　　　　　　￥37,000

(3) 当座預金の増減（(1)a．を除く）
　　a．売掛金の回収　　　　　　　　　　　　　　　　　　　　　￥20,000
　　b．買掛金の支払　　　　　　　　　　　　　　　　　　　　　￥6,000
　　c．手形代金の取立て　　　　　　　　　　　　　　　　　　　￥18,000
　　d．手形代金の支払い　　　　　　　　　　　　　　　　　　　￥14,000
　　e．備品の売却　　　　　　　　　　　　　　　　　　　　　　￥200,000
　　　（売却した備品の取得原価　￥280,000　減価償却累計額　￥112,000）
　　f．給料の支払い　　　　　　　　　　　　　　　　　　　　　￥45,000

g．家賃の支払い　　　　　　　　　　　　　　　　　　　　　　¥8,000

(4)　その他の取引
　　a．買掛金支払のための手持の約束手形の裏書譲渡高　　　　　　¥1,000
　　b．得意先の倒産による売掛金の貸倒高　　　　　　　　　　　　¥500
　　c．消耗品費の現金による購入　　　　　　　　　　　　　　　　¥800

合　計　試　算　表

借　方			勘定科目	貸　方		
合　　計	月中取引高	前月からの繰越高		前月からの繰越高	月中取引高	合　　計
		180,000	現　　　　金			
		425,000	当 座 預 金	120,000		
		210,000	受 取 手 形	24,000		
		182,000	売　掛　金	68,000		
		250,000	有 価 証 券	185,800		
		81,000	繰 越 商 品			
		430,000	備　　　　品			
		17,000	支 払 手 形	110,000		
		21,600	買　掛　金	95,000		
			貸倒引当金	4,800		
			減価償却累計額	129,000		
			資　本　金	1,000,000		
		2,800	売　　　　上	750,000		
		610,000	仕　　　　入	1,800		
		48,000	給　　　　料			
		12,800	支 払 家 賃			
		16,000	通　信　費			
		1,000	消 耗 品 費			
		1,200	手 形 売 却 損			
			（　　　　）			
		2,488,400		2,488,400		

【解答】

合 計 試 算 表

借方			勘定科目	貸方		
合　計	月中取引高	前月からの繰越高		前月からの繰越高	月中取引高	合　計
1,029,000	849,000	180,000	現　　　　金		720,800	720,800
663,000	288,000	425,000	当 座 預 金	120,000	181,000	301,000
266,000	56,000	210,000	受 取 手 形	24,000	19,000	43,000
482,000	300,000	182,000	売 掛 金	68,000	21,700	89,700
250,000		250,000	有 価 証 券	185,800		185,800
81,000		81,000	繰 越 商 品			
430,000		430,000	備　　　　品		280,000	280,000
31,000	14,000	17,000	支 払 手 形	110,000	16,000	126,000
29,400	7,800	21,600	買 掛 金	95,000	12,800	107,800
500	500		貸 倒 引 当 金	4,800		4,8000
112,000	112,000		減価償却累計額	129,000		129,000
			資 本 金	1,000,000		1,000,000
4,000	1,200	2,800	売　　　　上	750,000	1,203,000	1,953,000
1,466,800	856,800	610,000	仕　　　　入	1,800	2,800	4,6000
93,000	45,000	48,000	給　　　　料			
20,800	8,000	12,800	支 払 家 賃			
16,000		16,000	通 信 費			
1,800	800	1,000	消 耗 品 費			
1,200		1,200	手 形 売 却 損			
			(固定資産売却益)		32,000	32,000
4,977,500	2,489,100	2,488,400		2,488,400	2,489,100	4,977,500

【解説】

(1)
　　a．(借) 仕　　　　入　108,000　　(貸) 当 座 預 金　108,000
　　b．(借) 仕　　　　入　 12,800　　(貸) 買　掛　金　 12,800
　　　 (借) 買　掛　金　　　　800　　(貸) 仕　　　　入　　　800
　　c．(借) 仕　　　　入　 16,000　　(貸) 支 払 手 形　 16,000
　　d．(借) 仕　　　　入　720,000　　(貸) 現　　　　金　720,000
　　　 (借) 現　　　　金　　2,000　　(貸) 仕　　　　入　　2,000

(2)
　　a．(借) 売　掛　金　　300,000　　(貸) 売　　　　上　300,000
　　　 (借) 売　　　　上　　1,200　　(貸) 売　掛　金　　1,200
　　b．(借) 受 取 手 形　 56,000　　(貸) 売　　　　上　 56,000

c．（借）現　　　　　金　810,000　　（貸）売　　　　　上　810,000
　　d．（借）現　　　　　金　 37,000　　（貸）売　　　　　上　 37,000
(3)
　　a．（借）当 座 預 金　 20,000　　（貸）売　掛　金　 20,000
　　b．（借）買　掛　金　　6,000　　（貸）当 座 預 金　　6,000
　　c．（借）当 座 預 金　 18,000　　（貸）受 取 手 形　 18,000
　　d．（借）支 払 手 形　 14,000　　（貸）当 座 預 金　 14,000
　　e．（借）減価償却累計額　112,000　　（貸）備　　　　品　280,000
　　　　　　当 座 預 金　200,000　　　　　固定資産売却益　 32,000
　　f．（借）給　　　　料　 45,000　　（貸）当 座 預 金　 45,000
　　g．（借）支 払 家 賃　　8,000　　（貸）当 座 預 金　　8,000
(4)
　　a．（借）買　掛　金　　1,000　　（貸）受 取 手 形　　1,000
　　b．（借）貸倒引当金　　　500　　（貸）売　掛　金　　　500
　　c．（借）消 耗 品 費　　　800　　（貸）現　　　　　金　　　800

●精算表問題

問題1 次の期末修正事項によって，精算表を作成しなさい。ただし，会計期間は平成〇年1月1日から平成〇年12月31日までの1年である。

(1) 期末商品棚卸高は¥55,000である。売上原価は「仕入」の行で計算する方法によること。

(2) 受取手形と売掛金の期末残高に対し，2％の貸倒れを見積もる。貸倒引当金は期末残高に実績法（補充法）によって計上すること。

(3) 備品について，残存価額を取得原価の10％，耐用年数を6年として，定額法により減価償却を行う。

(4) 本年12月分の家賃¥4,000が未払いとなっている。

(5) 現金の実際手元有高は¥33,000である。過不足の原因を調査したが，不明のため雑損として処理する。

(6) 保険料は1年分で，保険契約日は平成〇年4月1日である。

精　算　表
平成○年12月31日

勘定科目	残高試算表 借方	残高試算表 貸方	整理記入 借方	整理記入 貸方	損益計算書 借方	損益計算書 貸方	貸借対照表 借方	貸借対照表 貸方
現　　　　金	35,000							
当　座　預　金	50,000							
受　取　手　形	40,000							
売　　掛　　金	60,000							
売買目的有価証券	37,000							
繰　越　商　品	25,000							
備　　　　品	180,000							
支　払　手　形		28,000						
買　　掛　　金		35,000						
貸　倒　引　当　金		1,000						
減価償却累計額		54,000						
資　　本　　金		300,000						
売　　　　上		618,000						
仕　　　　入	537,200							
給　　　　料	45,000							
支　払　家　賃	25,000							
支　払　保　険　料	2,400							
	1,036,600	1,036,600						
貸倒引当金繰入								
減　価　償　却　費								
雑　　　　損								
前　払　保　険　料								
未　払　家　賃								
当期純（　）								

【解答】

精 算 表
平成○年12月31日

勘定科目	残高試算表 借方	残高試算表 貸方	整理記入 借方	整理記入 貸方	損益計算書 借方	損益計算書 貸方	貸借対照表 借方	貸借対照表 貸方
現　　　　金	35,000			2,000			33,000	
当 座 預 金	50,000						50,000	
受 取 手 形	40,000						40,000	
売 掛 金	60,000						60,000	
売買目的有価証券	37,000						37,000	
繰 越 商 品	25,000		55,000	25,000			55,000	
備　　　　品	180,000						180,000	
支 払 手 形		28,000						28,000
買 掛 金		35,000						35,000
貸 倒 引 当 金		1,000		1,000				2,000
減価償却累計額		54,000		27,000				81,000
資 本 金		300,000						300,000
売　　　　上		618,000				618,000		
仕　　　　入	537,200		25,000	55,000	507,200			
給　　　　料	45,000				45,000			
支 払 家 賃	25,000		4,000		29,000			
支 払 保 険 料	2,400			600	1,800			
	1,036,600	1,036,600						
貸倒引当金繰入			1,000		1,000			
減 価 償 却 費			27,000		27,000			
雑　　　損			2,000		2,000			
前 払 保 険 料			600				600	
未 払 家 賃				4,000				4,000
当期純（利益）					5,000			5,000
			114,600	114,600	618,000	618,000	455,600	455,600

【解説】

(1) （借）仕　　　　入　　25,000　　（貸）繰　越　商　品　　25,000
　　（借）繰　越　商　品　　55,000　　（貸）仕　　　　入　　55,000

(2) （借）貸倒引当金繰入　　1,000　　（貸）貸 倒 引 当 金　　1,000

　　$(40,000 + 60,000) \times 2\% = ¥2,000$
　　　受取手形　売掛金

　　$¥2,000 - ¥1,000 = ¥1,000$

(3) （借）減 価 償 却 費　　27,000　　（貸）減価償却累計額　　27,000

　　$\dfrac{180,000円 - 18,000円}{6年} = 27,000円$

(4) （借）支 払 家 賃　　4,000　　（貸）未 払 家 賃　　4,000

(5) （借）雑　　　　損　　2,000　　（貸）現　　　　金　　2,000
(6) （借）前 払 保 険 料　　　600　　（貸）支 払 保 険 料　　　600
　　￥2,400÷12か月＝：@200円

　　　　　　　　　　　　　　4/1　　　　　　　12/31　　　　3/30
　　　　　　　　　　　　　├──────⑨──────△──③──┤
　　200円×3か月＝600円　　　　　　　　　　　決算

問題2　次の期末修正事項によって，精算表を作成しなさい。ただし，会計期間は平成○年1月1日から平成○年12月31日までの1年である。

(1) 期末商品棚卸高は￥75,000である。売上原価は「仕入」の行で計算する方法によること。

(2) 受取手形と売掛金の期末残高に対し，3％の貸倒れを見積もる。貸倒引当金は期末残高に実績法（補充法）によって計上すること。

(3) 建物および備品については定額法により減価償却を行う。
　　建　　物：耐用年数　20年　　　残存価額：ゼロ
　　備　　品：耐用年数　5年　　　　残存価額：ゼロ

(4) 本年12月分の家賃￥8,000が未払いとなっている。

(5) 現金の実際手元有高は￥45,000である。過不足の原因を調査したが，不明のため雑損として処理する。

(6) 保険料は1年分で，保険契約日は平成○年4月1日である。

(7) 借入金は来年9月30日に返済する約束で，本年10月1日に年利率6％で借り入れたもので，利息は元本を返済するときに支払う。なお，利息は月割りで計算する。

精　算　表
平成○年12月31日

勘定科目	残高試算表		整理記入		損益計算書		貸借対照表	
	借　方	貸　方	借　方	貸　方	借　方	貸　方	借　方	貸　方
現　　　　金	75,000							
当 座 預 金	50,000							
受 取 手 形	58,000							
売 掛 金	132,000							
売買目的有価証券	117,100							
繰 越 商 品	150,000							
建　　　　物	1,200,000							
備　　　　品	500,000							
支 払 手 形		528,600						
買 掛 金		261,000						
借 入 金		120,000						
貸 倒 引 当 金		2,700						
建物減価償却累計額		120,000						
備品減価償却累計額		200,000						
資 本 金		1,400,000						
売　　　　上		1,500,000						
仕　　　　入	495,200							
給　　　　料	45,000							
支 払 家 賃	1,188,000							
支 払 保 険 料	120,000							
支 払 利 息	2,000							
	4,132,300	4,132,300						
貸倒引当金繰入								
減 価 償 却 費								
（　　）家　賃								
未 払 利 息								
雑　　　　損								
前 払 保 険 料								
当期純（　　）								

【解答】

精　算　表
平成○年12月31日

勘定科目	残高試算表 借方	残高試算表 貸方	整理記入 借方	整理記入 貸方	損益計算書 借方	損益計算書 貸方	貸借対照表 借方	貸借対照表 貸方
現　　　金	75,000			30,000			45,000	
当 座 預 金	50,000						50,000	
受 取 手 形	58,000						58,000	
売 掛 金	132,000						132,000	
売買目的有価証券	117,100						117,100	
繰 越 商 品	150,000		75,000	150,000			75,000	
建　　　物	1,200,000						1,200,000	
備　　　品	500,000						500,000	
支 払 手 形		528,600						528,600
買 掛 金		261,000						261,000
借 入 金		120,000						120,000
貸 倒 引 当 金		2,700		3,000				5,700
建物減価償却累計額		120,000		60,000				180,000
備品減価償却累計額		200,000		100,000				300,000
資 本 金		1,400,000						1,400,000
売　　　上		1,500,000				1,500,000		
仕　　　入	495,200		150,000	75,000	570,200			
給　　　料	45,000				45,000			
支 払 家 賃	1,188,000		8,000		1,196,000			
支 払 保 険 料	120,000			30,000	90,000			
支 払 利 息	2,000		1,800		3,800			
	4,132,300	4,132,300						
貸倒引当金繰入			3,000		3,000			
減 価 償 却 費			160,000		160,000			
（未払）家　賃				8,000				8,000
未 払 利 息				1,800				1,800
雑　　損			30,000		30,000			
前 払 保 険 料			30,000				30,000	
当期純（損失）						598,000	598,000	
			457,800	457,800	2,098,000	2,098,000	2,805,100	2,805,100

【解説】

(1) （借）仕　　　入　　150,000　　（貸）繰　越　商　品　　150,000
　　（借）繰　越　商　品　　75,000　　（貸）仕　　　入　　75,000

(2) （借）貸倒引当金繰入　　3,000　　（貸）貸　倒　引　当　金　　3,000
　　（¥58,000 + ¥132,000）× 3％ = ¥5,700
　　　受取手形　売掛金
　　¥5,700 － ¥2,700 = ¥3,000

精算表問題

(3) （借）減価償却費　160,000　　（貸）建物減価償却累計額　60,000
　　　　　　　　　　　　　　　　　　　備品減価償却累計額　100,000

(3) 建　物：¥1,200,000÷20年＝¥60,000
　　備　品：¥500,000÷5年＝¥100,000

(4) （借）支 払 家 賃　8,000　　（貸）未 払 家 賃　8,000

(5) （借）雑　　　　損　30,000　　（貸）現　　　　金　30,000
　　現金の帳簿残高は，残高試算表より¥75,000
　　従って，（帳簿残高）¥75,000 －（実際有高）¥45,000 ＝¥30,000

(6) （借）前 払 保 険 料　30,000　　（貸）支 払 保 険 料　30,000
　　支払保険料 ¥120,000×$\frac{3}{12}$＝¥30,000

(7) （借）支 払 利 息　1,800　　（貸）未 払 利 息　1,800
　　借 入 金　¥120,000×6％＝¥7,200
　　支払利息　¥7,200×$\frac{3}{12}$＝¥1,800

問題３　次の決算整理事項等に基づいて，精算表を作成すること。ただし，会計期間は平成×１年４月１日から平成×２年３月31日までの１年である。

1．仮払金は，社員の出張旅費の前払分であるが，決算日に社員が帰社しその精算を行ったところ，¥110,000は交通費であるとの報告を受け，残額については返金を受けた。

2．仮受金は，出張中の社員からの送金分であったが，社員の帰社後，その全額について売掛金の回収であることが判明した。

3．現金について調査したところ，¥5,000が不足していたが，その原因は不明である。

4．受取手形及び売掛金の期末残高に対して２％の貸倒れを見積もる。差額補充法により貸倒引当金を設定する。

5．期末商品棚卸高は¥120,000である。売上原価は「仕入」の行で計算すること。

6．備品について定額法により減価償却を行う。なお，備品のうち¥80,000は当期の12月１日に購入したものであり，新備品の減価償却は月割計算を行う。耐用年数は旧備品が９年，新備品が８年であり，残存価額はいずれも取得原価の10％である。

7．消耗品の期末未消費高は¥5,000である。

8．支払家賃は月額¥12,000で，毎年５月１日と11月１日に向こう６ヶ月分を前払いしている。

9．借入金は平成×１年６月１日に借入期間１年，利率年６％で借入れたもので，利息は11月末日と５月末日に各半年分を支払うことになっている。利息は月割計算による。

精算表

勘定科目	試算表 借方	試算表 貸方	修正記入 借方	修正記入 貸方	損益計算書 借方	損益計算書 貸方	貸借対照表 借方	貸借対照表 貸方
現　　　　金	117,000							
当 座 預 金	493,000							
受 取 手 形	325,000							
売 掛 金	621,000							
貸 倒 引 当 金		13,000						
繰 越 商 品	136,000							
仮 払 金	126,000							
備　　　　品	180,000							
備品減価償却累計額		40,000						
支 払 手 形		202,000						
買 掛 金		170,000						
借 入 金		300,000						
仮 受 金		196,000						
資 本 金		800,000						
売　　　　上		1,426,000						
受 取 利 息		15,000						
仕　　　　入	669,000							
給　　　　料	167,000							
旅 費 交 通 費	87,000							
支 払 家 賃	156,000							
支 払 保 険 料	39,000							
支 払 利 息	9,000							
消 耗 品 費	37,000							
	3,162,000	3,162,000						
雑（　　　）								
倒（　　　）								
減 価 償 却 費								
（　　　　）								
（　　）家 賃								
（　　）利 息								
当　期（　　）								

【解説】

1. （借）旅費交通費　110,000　　（貸）仮　払　金　126,000
　　　　現　　　金　 16,000
2. （借）仮　受　金　196,000　　（貸）売　掛　金　196,000
3. （借）雑　　　損　 5,000　　（貸）現　　　金　 5,000
4. （借）貸倒引当金繰入　2,000　（貸）貸倒引当金　　2,000
　売掛金期末残高は￥621,000から上記2の修正￥196,000を控除して￥425,000となる。
　貸倒引当金の設定＝（売掛金￥425,000＋受取手形￥325,000）×2％＝￥15,000
　貸倒引当金繰入額は貸倒引当金設定額￥15,000から決算整理前の貸倒引当金残高￥13,000を控除した￥2,000となる。
5. （借）仕　　　入　136,000　　（借）繰　越　商　品　136,000
　（借）繰　越　商　品　120,000　　（借）仕　　　入　120,000
　仕入勘定で売上原価を把握する。
　期首商品の￥136,000を売上原価に加え、期末に残った商品￥120,000を売上原価から差し引く。
6. （借）減価償却費　13,000　　（貸）備品減価償却累計額　13,000
　備品の取得原価￥180,000のうち新備品は￥80,000、旧備品は￥100,000である。
　新備品の減価償却費＝（取得原価￥80,000－残存価額￥8,000）÷耐用年数8年
　　$\times \frac{4}{12} = ￥3,000$
　旧備品の減価償却費＝（取得原価￥100,000－残存価額￥10,000）÷耐用年数9年
　　＝￥10,000
7. （借）消　耗　品　 5,000　　（貸）消耗品費　　5,000
　期中で消耗品費勘定で処理されていることに注意する。
8. （借）前払家賃　12,000　　（貸）支払家賃　12,000
　×1年11月1日に支払った半年分の家賃のうち1か月分次年度の前払がある。
9. （借）支払利息　 6,000　　（貸）未払利息　 6,000
　借入金￥300,000の支払利息について、4か月分（×1年12月1日～×2年3月31日）が未払いである。
　未払利息＝借入金￥300,000×6％×$\frac{4}{12}$＝￥6,000

【解答】

精　算　表

勘定科目	試算表 借方	試算表 貸方	修正記入 借方	修正記入 貸方	損益計算書 借方	損益計算書 貸方	貸借対照表 借方	貸借対照表 貸方
現　　　金	117,000		16,000	5,000			128,000	
当 座 預 金	493,000						493,000	
受 取 手 形	325,000						325,000	
売　掛　金	621,000			196,000			425,000	
貸倒引当金		13,000		2,000				15,000
仮　払　金	126,000			126,000				
繰 越 商 品	136,000		120,000	136,000			120,000	
備　　　品	180,000						180,000	
備品減価償却累計額		40,000		13,000				53,000
支 払 手 形		202,000						202,000
買　掛　金		170,000						170,000
借　入　金		300,000						300,000
仮　受　金		196,000	196,000					
資　本　金		800,000						800,000
売　　　上		1,426,000				1,426,000		
受 取 利 息		15,000				15,000		
仕　　　入	669,000		136,000	120,000	685,000			
給　　　料	167,000				167,000			
旅 費 交 通 費	87,000		110,000		197,000			
支 払 家 賃	156,000			12,000	144,000			
支 払 保 険 料	39,000				39,000			
支 払 利 息	9,000		6,000		15,000			
消 耗 品 費	37,000			5,000	32,000			
	3,162,000	3,162,000						
雑（　損　）			5,000		5,000			
貸倒引当金繰入			2,000		2,000			
減 価 償 却 費			13,000		13,000			
（消 耗 品）			5,000				5,000	
（前払）家賃			12,000				12,000	
（未払）利息				6,000				6,000
当期（純利益）					142000			142,000
			621,000	621,000	1,441,000	1,441,000	1,688,000	1,688,000

●財務諸表問題

【問題】
　次の決算整理後残高試算表と下記の＜資料＞に基づいて，損益計算書と貸借対照表を完成しなさい。なお，「？」の部分は資料から類推すること。

決算整理後残高試算表
平成×1年12月31日

借　　方	勘　定　科　目	貸　　方
120,000	現　　　　　　　金	
356,000	当　座　預　金	
260,000	売　　掛　　金	
180,000	有　価　証　券	
	貸　倒　引　当　金	？
150,000	繰　越　商　品	
180,000	備　　　　　　　品	
	減　価　償　却　累　計　額	64,800
	借　　入　　金	198,000
	支　払　手　形	46,000
	買　　掛　　金	34,400
	未　払　家　賃	9,000
	資　　本　　金	？
	売　　　　　　　上	1,900,000
	受　取　手　数　料	76,000
？	仕　　　　　　　入	
186,000	給　　　　　　　料	
172,000	支　払　家　賃	
？	貸倒引当金（　　）	？
32,400	減　価　償　却　費	
12,000	支　払　利　息	
2,000	雑　　　　　　　損	
3,116,000		3,116,000

<資料>
1. 貸倒引当金は，差額補充法により売掛金期末残高の3％設定している。決算整理前残高試算表の貸倒引当金の金額は￥2,200であった。
2. 決算整理前残高試算表の仕入勘定は￥1,400,000であり，繰越商品勘定は￥210,000だった。

損 益 計 算 書
平成×1年1月1日から平成×1年12月31日

費　　　用	金　　額	収　　　益	金　　額
(　　　　)	(　　　　)	(　　　　)	(　　　　)
給　　　料	(　　　　)	受取手数料	(　　　　)
支 払 家 賃	(　　　　)		
貸倒引当金	(　　　　)		
減価償却費			
支 払 利 息	(　　　　)		
雑　　　損	(　　　　)		
(　　　　)	(　　　　)		
	(　　　　)		(　　　　)

貸 借 対 照 表
平成×1年12月31日

資　　産	金　　額	負債及び純資産	金　　額
現　　　　金	(　　　　)	借　入　金	(　　　　)
当 座 預 金	(　　　　)	支 払 手 形	(　　　　)
売　掛　金 (　　　)		買　掛　金	(　　　　)
(　　　　) (　　　)	(　　　　)	未 払 家 賃	(　　　　)
有 価 証 券	(　　　　)	資　本　金	(　　　　)
(　　　　)	(　　　　)	(　　　　)	(　　　　)
備　　　品 (　　　)			
(　　　　) (　　　)	(　　　　)		
	(　　　　)		(　　　　)

【解答】

損 益 計 算 書
平成×1年1月1日から平成×1年12月31日

費　　　　用	金　　　額	収　　　益	金　　　額
（売 上 原 価）	（ 1,460,000）	（売　　上　　高）	（ 1,900,000）
給　　　　　料	（ 186,000）	受 取 手 数 料	（ 76,000）
支　払　家　賃	（ 172,000）		
貸 倒 引 当 金	（ 5,600）		
減 価 償 却 費	（ 32,400）		
支　払　利　息	（ 12,000）		
雑　　　　　損	（ 2,000）		
（当 期 純 利 益）	（ 106,000）		
	（ 1,976,000）		（ 1,976,000）

貸 借 対 照 表
平成×1年12月31日

資　　　産	金　　　額		負債及び純資産	金　　　額
現　　　　　金		（ 120,000）	借　　入　　金	（ 198,000）
当　座　預　金		（ 356,000）	支　払　手　形	（ 46,000）
売　　掛　　金	（ 260,000）		買　　掛　　金	（ 34,400）
（貸 倒 引 当 金）	（ 7,800）	（ 252,200）	未　払　家　賃	（ 9,000）
有　価　証　券		（ 180,000）	資　　本　　金	（ 780,000）
（商　　　　品）		（ 150,000）	（当期純利益）	（ 106,000）
備　　　　　品	（ 180,000）			
（減価償却累計額）	（ 64,800）	（ 115,200）		
		（ 1,173,400）		（ 1,173,400）

【解説】
　まず決算整理後残高試算表の「？」の資料1，2から考える。
1．貸倒引当金の設定（売掛金期末残高¥260,000×3％＝¥7,800）
　　貸倒引当金の決算整理前の残高が¥2,200であったということから
　　　（借）貸倒引当金繰入　　　5,600　　（貸）貸 倒 引 当 金　　　5,600
　　と決算整理仕訳を行う。貸倒引当金繰入は¥5,600，貸倒引当金は¥7,800となる。
2．決算整理前の仕入勘定¥1,400,000，繰越商品勘定¥210,000をもとに
　　　（借）仕　　　　入　210,000　（貸）繰越商品　210,000
　　　（借）繰越商品　150,000　（貸）仕　　　　入　150,000←決算整理後の繰越商品の金額

財務諸表問題　　175

仕入勘定は¥1,460,000を導く。
3．資本金勘定は貸方合計額から，他の勘定の貸方金額を差し引きして求める。
4．表示について
  損益計算書について
   ①　決算整理後残高試算表の「仕入」勘定の金額は，修正後のため「売上原価」という費用を意味している。そこで損益計算書上，「仕入」ではなく，「売上原価」を用いる。
   ②　「売上」勘定は「売上高」と表示する。
  貸借対照表について
   ①　決算整理後残高試算表の「繰越表品」勘定は，貸借対照表上，「商品」を用いる。
   ②　「貸倒引当金」については，該当する債権から控除する形式で表示する。
   ③　「減価償却累計額」についても，償却性資産から個々（例えば備品，建物，車両運搬具）にまたは一括して控除する形式で表示する。
   ④　「資本金」は，当期純利益または当期純損失を加減する前の資本金が記載され，当期純利益または当期純損失と区別して表示する。

索　引

〔あ行〕

預り金 …………………………………… 91
移動平均法 ……………………………… 71
売上 ……………………………………… 68
受取手形 ………………………………… 77
裏書譲渡 ………………………………… 80
売上原価 ………………………………… 115
売掛金元帳（得意先元帳） …………… 74

〔か行〕

買掛金元帳（仕入先元帳） …………… 74
会計期間 ………………………………… 8
貸方 ………………………………… 5, 18, 20
貸倒損失 ………………………………… 116
貸倒引当金 ……………………………… 116
貸倒引当金繰入 ………………………… 116
貸倒引当金戻入 ………………………… 117
貸付金 …………………………………… 81
借入金 …………………………………… 81
仮受金 …………………………………… 89
借方 ………………………………… 5, 18, 20
仮払金 …………………………………… 89
勘定 ……………………………………… 18
勘定科目 ……………………………… 19, 20
間接法 …………………………………… 120
期首 ……………………………………… 8
期首商品棚卸高 ………………………… 115
期末 ……………………………………… 8
期末商品棚卸高 ………………………… 115
金額 ……………………………………… 20
金銭 ……………………………………… 97
繰越試算表 …………………………… 40, 42
経営成績 ………………………………… 8
契約 ……………………………………… 18
決算 ……………………………………… 40
減価償却 ………………………………… 120
減価償却費 ……………………………… 120
現金 ……………………………………… 51
現金過不足 ……………………………… 54
合計残高試算表 ………………………… 35
合計試算表 ……………………………… 32

小書き ……………………………… 27, 28
小切手 …………………………………… 57
小口現金 ………………………………… 63
小口現金出納帳 ………………………… 65
固定資産売却損 ………………………… 122

〔さ行〕

財産法 …………………………………… 12
財政状態 ………………………………… 4
再振替仕訳 ……………………………… 124
差額補充法 ……………………………… 117
先入先出法 ……………………………… 71
残存価額 ………………………………… 120
残高試算表 …………………………… 34, 45
仕入 ……………………………………… 66
仕入付随費用 …………………………… 66
次期 ……………………………………… 8
次期繰越 ………………………………… 41
資産 ……………………………………… 4
試算表 …………………………………… 32
支払手形 ………………………………… 78
資本 ……………………………………… 5
資本金 ……………………………… 40, 41, 104
収益 ……………………………………… 8
収益の繰延 ……………………………… 124
収益の見越 ……………………………… 126
取得原価 ………………………………… 120
主要簿 …………………………………… 28
純資産 …………………………………… 5
商品有高帳 ……………………………… 71
商品券 …………………………………… 96
消耗品 …………………………………… 127
消耗品費 ………………………………… 127
諸口 ………………………………… 27, 29
仕訳 …………………………… 20, 27, 28, 29
仕訳帳 ……………………………… 27, 28, 29, 32
精算表 …………………………………… 45
前期 ……………………………………… 8
前期繰越 ………………………………… 41
総勘定元帳 …………………………… 28, 32
損益 ……………………………………… 40, 41
損益計算書 ………………………… 8, 42, 45

| 損益法 | 12 |

〔た行〕

貸借対照表	4, 42, 45
耐用年数	120
立替金	91
他店商品券	97
直接法	120
定額資金前渡法	63
定額法	120
定期預金	62
手形貸付金	84
手形借入金	84
手形の割引	80
手形売却損	80
転記	23, 28, 32
伝票	107
当期純損益	12
当期純利益	8, 12
当期商品仕入高	115
当座預金	57
取引	18
取引の8要素	19
取引要素の結合関係	19

〔は行〕

8桁精算表	128
発送費	68
引出金	105
費用	8
費用の繰延	124
費用の見越	125
複式簿記	4
負債	5
普通預金	62
簿記	4

〔ま行〕

前受金	93
前受収益	125
前払費用	124
前払金	93
未収収益	126
未収入金	87
未払費用	125
未払金	87
元帳	28
元丁欄	28

〔や行〕

約束手形	77
有価証券	99
有形固定資産	102, 120

〔ら行〕

| 利害関係者 | 3 |

〔わ行〕

| 割引料 | 80 |

著者紹介 (執筆順)

渡辺　竜介（関東学院大学経営学部　教授）
中央大学商学部経営学科卒業，中央大学大学院商学研究科博士後期課程満期退学。
主な著書：『[公認会計士試験] 財務会計論の重点詳解＜第2版＞』〔共著〕中央経済社，『検定簿記講義　2級商業簿記＜平成29年度版＞』〔共著〕中央経済社，『検定簿記ワークブック　2級商業簿記』〔共著〕中央経済社，『会計学説の系譜と理論構築』〔共著〕同文舘出版，『財務報告における構成価値測定』〔共著〕中央経済社，『スタンダードテキスト財務会計論Ⅲ＜第2版＞　問題演習篇』〔共著〕中央経済社，『問題で理解する　会計基準ベーシック・マスター』〔共著〕税務経理協会

山北　晴雄（関東学院大学経営学部　教授）
中央大学卒業，法政大学大学院社会科学研究科経営学専攻博士課程単位修得退学
主な著書：『ファーストステップ　原価計算を学ぶ』〔共著〕中央経済社

江頭　幸代（関東学院大学経営学部　教授）
福岡大学商学部商学科卒業，九州産業大学商学研究科博士後期課程修了，博士（商学）
主な著書：『ライフサイクルコスティング』税務経理協会，『文系女子のためのはじめての日商簿記3級』インプレス社，『リベンジ簿記3級合格テキスト』とりい書房，『簿記会計の過去・現在・将来』〔共著〕公益情報サービス，『原価計算ガイダンス』〔共著〕中央経済社，『現代原価・管理会計の基礎』〔共著〕東京経済情報出版，『全経簿記能力検定試験　上級（工業簿記・原価計算）標準テキスト』〔共著〕税務経理協会

野村　智夫（関東学院大学経営学部　非常勤講師　公認会計士）
慶應義塾大学経済学部卒業
主な著書：『コンピュータで成功する原価計算システムの進め方』〔共著〕日本実業出版，『会社の上手な売り方・たたみ方』〔共著〕日本実業出版，『やさしくわかるキャッシュフロー』〔共著〕日本実業出版，『企業再建・清算の会計税務』〔共著〕中央経済社

加藤美樹雄（湘北短期大学総合ビジネス・情報学科　准教授）
関東学院大学修士課程修了，横浜国立大学大学院国際社会科学研究科博士後期課程単位取得退学
主な著書：「初級段階の簿記・会計教育のアプローチ－財務諸表の作成者と利用者の視点からの検討－」『日本簿記学会年報』第29号

北井不二男（立教大学経済学部　兼任講師）
高千穂商科大学商学部商学科卒業，北海道公立高等学校教諭，学習院大学大学院経営学研究科博士前期課程修了
主な著書：『社会化の会計』〔共著〕創成社，『簿記会計のしくみ』〔共著〕唯学書房，『ベーシック簿記』〔共著〕創成社

石渡　晃子（関東学院大学経済学部　非常勤講師　税理士）
関東学院大学卒業，関東学院大学大学院経済学研究科経済学専攻修士課程単位修得退学

編著者との契約により検印省略

平成30年4月20日　初版第1刷発行　　**ゼロからスタート簿記入門**

編著者		渡　辺　竜　介
		山　北　晴　雄
		江　頭　幸　代
発行者		大　坪　克　行
製版所		税経印刷株式会社
印刷所		光栄印刷株式会社
製本所		株式会社　三森製本所

発行所　〒161-0033 東京都新宿区　　株式会社　税務経理協会
　　　　下落合2丁目5番13号
　　　振　替　00190-2-187408　　電話　(03)3953-3301（編集部）
　　　Ｆ Ａ Ｘ　(03)3565-3391　　　　　　(03)3953-3325（営業部）
　　　　　　　URL　http://www.zeikei.co.jp/
　　　　　　乱丁・落丁の場合は，お取替えいたします。

© 渡辺竜介・山北晴雄・江頭幸代 2018　　　　　Printed in Japan

本書の無断複写は著作権法上での例外を除き禁じられています。複写される
場合は，そのつど事前に，（社）出版者著作権管理機構（電話 03-3513-6969,
FAX 03-3513-6979, e-mail : info@jcopy.or.jp）の許諾を得てください。

JCOPY ＜（社）出版者著作権管理機構 委託出版物＞

ISBN978-4-419-06500-3　C3034